APRENDE GO

Programación Concurrente y Aplicaciones Prácticas

Edición 2024

Diego Rodrigues

APRENDE GO
Programación Concurrente y Aplicaciones Prácticas

Edición 2024
Autor: Diego Rodrigues

Publicado por StudioD21.

Nota Importante

Los códigos y scripts presentados en este libro tienen como objetivo ilustrar los conceptos discutidos en los capítulos, sirviendo como ejemplos prácticos. Estos ejemplos fueron desarrollados en entornos personalizados y controlados, por lo que no se garantiza que funcionen completamente en todos los escenarios. Es esencial verificar las configuraciones y personalizaciones del entorno donde se aplicarán para garantizar su correcto funcionamiento. Agradecemos su comprensión.

CONTENIDO

¡SALUDOS!

¡Hola, estimado lector!

Es un gran placer darte la bienvenida a la exploración de las posibilidades que ofrece el lenguaje de programación Go. Tu decisión de profundizar en un tema tan relevante y dinámico como la programación concurrente refleja una admirable ambición. En este libro, *"LEARN GO: Concurrent Programming and Practical Applications - 2024 Edition"*, encontrarás una guía completa y actualizada que te llevará desde los fundamentos del lenguaje Go hasta sus aplicaciones prácticas más sofisticadas.

Al invertir en mejorar tus habilidades con Go, demuestras un compromiso con tu desarrollo profesional en una industria que crece y cambia rápidamente. La programación concurrente, en particular, es un área esencial para la creación de sistemas eficientes, y tu dominio de este poderoso lenguaje ciertamente te destacará en el mercado. Este libro ha sido cuidadosamente diseñado para proporcionarte el conocimiento técnico necesario, de modo que puedas aplicar estos conceptos de manera práctica y efectiva, con un enfoque en el desarrollo de sistemas altamente escalables y receptivos.

Estás a punto de embarcarte en un viaje de aprendizaje que te llevará desde la comprensión de la sintaxis básica y la estructura del lenguaje Go, hasta la exploración de sus funcionalidades más avanzadas, como el uso de goroutines y channels para implementar concurrencia ligera y control de multitareas. Con cada capítulo, serás desafiado a aplicar los conceptos que aprendas a ejemplos del mundo real y a probar las soluciones prácticas que hacen de Go una elección ideal para sistemas modernos.

En un panorama tecnológico donde la eficiencia y la velocidad son fundamentales, dominar la programación concurrente con Go no solo es una ventaja competitiva, sino una necesidad para enfrentar los desafíos de un mundo cada vez más conectado. Este libro ha sido creado para ofrecerte una experiencia de aprendizaje rápida, permitiéndote aplicar los conocimientos adquiridos de manera práctica e inmediata, mientras te preparas para implementar soluciones robustas y efectivas.

Prepárate para un viaje intenso y gratificante. Cada sección de este libro está diseñada para expandir tus capacidades y proporcionarte la comprensión necesaria para crear proyectos innovadores utilizando Go. Juntos, exploraremos y superaremos los desafíos de la programación concurrente, transformando lo que podría parecer complejo en una poderosa herramienta a tu alcance.

SOBRE EL AUTOR

www.linkedin.com/in/diegoexpertai

Autor Best Seller, Diego Rodrigues es un Consultor Internacional y Escritor especializado en Inteligencia de Mercados, Tecnología e Innovación. Posee 42 certificaciones internacionales de instituciones como IBM, Google, Microsoft, AWS, Cisco, Boston University, Ec-Council, Palo Alto y META.

Rodrigues es experto en Inteligencia Artificial, Machine Learning, Data Science, Big Data, Blockchain, Tecnologías de Conectividad, Ethical Hacking e Inteligencia de Amenazas.

Desde 2003, Rodrigues ha desarrollado más de 200 proyectos para importantes marcas en Brasil, Estados Unidos y México. En 2024, se consolida como uno de los mayores autores de libros técnicos de nueva generación en el mundo, con más de 180 títulos publicados en seis idiomas.

PREFACIO: INTRODUCCIÓN AL LIBRO

¡Bienvenido a *Learn Go: Concurrent Programming and Practical Applications*! Este libro está diseñado para ser tu guía completa y actualizada para dominar uno de los lenguajes de programación más poderosos y relevantes de 2024: el lenguaje Go. Si estás aquí, es porque ya has reconocido la importancia de destacarte en el panorama tecnológico actual, y estás en el camino correcto para alcanzar un nuevo nivel en tu carrera.

La programación concurrente es una habilidad esencial para cualquier desarrollador que quiera trabajar con aplicaciones modernas, escalables y de alto rendimiento. A medida que el mundo se conecta cada vez más y la demanda de sistemas eficientes crece, el dominio de Go y su capacidad para manejar múltiples tareas simultáneamente lo posicionan en un lugar privilegiado en el mercado. Las empresas de tecnología de vanguardia buscan cada vez más profesionales que comprendan profundamente la concurrencia, el paralelismo y la implementación de soluciones robustas y eficientes. Este libro tiene como objetivo llevarte, paso a paso, desde los conceptos fundamentales hasta las aplicaciones prácticas del lenguaje Go, con especial atención a la concurrencia, ofreciendo un entendimiento profundo y práctico del lenguaje.

Go, también conocido como Golang, fue creado por Google para resolver problemas enfrentados por grandes empresas tecnológicas. Su eficiencia, simplicidad y capacidad para trabajar con múltiples procesadores de manera óptima lo convierten en una excelente opción para desarrollar sistemas modernos. Al dominar Go, te estarás preparando para enfrentar desafíos reales de desarrollo, ya sea en startups innovadoras o en grandes corporaciones.

En este libro, te guiaremos a través de 25 capítulos completos y detallados, cada uno abarcando una parte crucial del desarrollo con Go.

Capítulo 1: Introducción a Go

En el primer capítulo, comenzamos desde cero. Aquí entenderás el origen del lenguaje, los problemas que resolvió y por qué empresas como Google, Dropbox y Docker usan Go para construir sus plataformas. Será tu primer contacto con la sintaxis del lenguaje, sus peculiaridades y su importancia en el escenario actual del desarrollo. Tener una comprensión sólida de dónde encaja el lenguaje en el ecosistema tecnológico es fundamental para aprovechar al máximo el potencial que Go ofrece.

Capítulo 2: Instalación y Configuración del Entorno

Antes de comenzar a codificar, es esencial asegurarte de que tienes tu entorno de desarrollo configurado correctamente. Este capítulo presenta una guía paso a paso para instalar Go en diferentes sistemas operativos y configurar tu entorno de desarrollo. Veremos cómo preparar tu editor de código, instalar paquetes y ejecutar tus primeros programas.

Capítulo 3: Primeros Pasos: Hello World en Go

Aquí escribirás tu primer programa en Go: el clásico Hello World. Aunque parezca simple, este ejercicio inicial te familiarizará con la estructura básica de un programa en Go. Aprenderás cómo compilar, ejecutar y depurar tus primeros códigos, preparándote para temas más avanzados.

Capítulo 4: Fundamentos del Lenguaje Go

Este capítulo ofrece una inmersión en los conceptos fundamentales del lenguaje Go. Desde tipos de datos, variables, operadores, hasta estructuras de control de flujo como if, else y switch. Una base sólida en estos conceptos es crítica para el éxito a lo largo del libro, ya que la complejidad aumentará gradualmente.

Capítulo 5: Control de Flujo

Expandiendo lo aprendido en el capítulo anterior, profundizaremos en las estructuras de control de flujo. Go se destaca por su eficiencia en la gestión de bucles y condicionales, y aquí aprenderemos cómo estas estructuras se utilizan para crear programas robustos y eficientes.

Capítulo 6: Funciones en Go

Las funciones son la columna vertebral de cualquier lenguaje de programación, y Go no es la excepción. En este capítulo, aprenderás cómo declarar y usar funciones, con un enfoque en cómo pueden usarse para organizar y modularizar tu código, garantizando mayor claridad y eficiencia en el desarrollo.

Capítulo 7: Trabajo con Arrays y Slices

Los arrays y slices son componentes esenciales para la manipulación de datos en Go. Este capítulo explorará sus diferencias y cuándo se debe usar cada uno, con ejemplos prácticos para que puedas consolidar lo aprendido.

Capítulo 8: Estructuras y Métodos

Aquí entramos en el mundo de la programación orientada a objetos en Go. Aunque el lenguaje no tiene clases como otros, el uso de structs y métodos permite una organización clara y lógica de tu código. Este capítulo ofrece una introducción a este modelo, explicando cómo los structs y métodos pueden usarse para crear soluciones reutilizables y escalables.

Capítulo 9: Interfaces y Polimorfismo en Go

Go ofrece un enfoque único para las interfaces y el polimorfismo. Este capítulo cubre cómo crear y usar interfaces en Go, permitiéndote escribir un código más flexible y adaptable. El polimorfismo es una herramienta poderosa en la programación y, cuando se usa bien, puede mejorar significativamente la eficiencia y claridad de tu código.

Capítulo 10: Manipulación de Archivos

Manejar archivos es una habilidad esencial para cualquier

desarrollador. Este capítulo te enseña cómo abrir, leer, escribir y manipular archivos en Go. Estos conceptos serán fundamentales para desarrollar aplicaciones que trabajen con grandes volúmenes de datos.

Capítulo 11: Programación Concurrente: Introducción

A partir de este punto, el libro comienza a explorar el corazón de Go: la programación concurrente. Este capítulo introduce los conceptos de concurrencia y paralelismo y cómo se implementan en Go. Aprenderás la importancia de usar múltiples procesadores para aumentar la eficiencia de tus programas.

Capítulo 12: GoRoutines: Competencia Ligera

Las goroutines son una de las características más importantes de Go. Este capítulo explica qué son las goroutines y cómo usarlas para realizar tareas concurrentes. Verás cómo Go facilita el desarrollo de sistemas que aprovechan el poder de los procesadores modernos.

Capítulo 13: Channels: Comunicación entre Goroutines

Cuando varias goroutines están en ejecución, necesitan comunicarse. Este capítulo introduce los channels, una de las herramientas más poderosas de Go para gestionar la comunicación y sincronización entre goroutines. Verás cómo los channels pueden usarse para construir sistemas concurrentes de manera eficiente y segura.

Capítulo 14: Select: Controlando Múltiples Goroutines

La instrucción select es una forma avanzada de controlar múltiples goroutines y channels. En este capítulo, aprenderás a usarla para escribir código que reaccione eficientemente a múltiples operaciones concurrentes.

Capítulo 15: Mutex y Sincronización en Go

No siempre es seguro permitir que múltiples goroutines accedan a los mismos datos al mismo tiempo. En este capítulo, aprenderemos cómo usar mutex para garantizar la sincronización correcta entre goroutines, evitando problemas como las condiciones de carrera.

Capítulo 16: Programación Concurrente Avanzada

Este capítulo avanza en las técnicas de concurrencia, explorando patrones de diseño concurrentes, técnicas de paralelismo y estrategias de optimización para aplicaciones de alto rendimiento.

Capítulo 17: Manejo de Errores en Go

Los errores son inevitables en cualquier software, pero cómo los manejamos puede marcar la diferencia. Este capítulo cubre las mejores prácticas para capturar y gestionar errores en Go, asegurando que tus aplicaciones sean robustas y confiables.

Capítulo 18: Pruebas: Escribiendo Pruebas Unitarias

Escribir pruebas unitarias es una práctica esencial para garantizar la calidad del código. En este capítulo, aprenderás cómo crear pruebas automatizadas en Go y cómo integrarlas en tu flujo de desarrollo.

Capítulo 19: Trabajando con APIs

Las APIs son el núcleo de muchas aplicaciones modernas. Este capítulo explica cómo construir y consumir APIs RESTful usando Go, con ejemplos prácticos para facilitar el entendimiento.

Capítulo 20: Gestión de Dependencias con Go Modules

Cuando desarrollamos aplicaciones complejas, gestionar eficientemente las dependencias es esencial. Este capítulo introduce Go Modules, la herramienta de gestión de dependencias de Go, explicando cómo usarla para controlar bibliotecas y paquetes.

Capítulo 21: Manejo de JSON en Go

JSON es el formato de datos más utilizado en las APIs modernas. En este capítulo, aprenderás cómo serializar y deserializar datos JSON en Go, una habilidad esencial para desarrollar aplicaciones web.

Capítulo 22: Aplicaciones Web con Go

En este capítulo comenzarás a crear tus primeras aplicaciones web utilizando Go. Veremos cómo la simplicidad y eficiencia del lenguaje facilitan el desarrollo de servidores web y aplicaciones escalables.

Capítulo 23: Aplicaciones en Tiempo Real con Go

El desarrollo de aplicaciones en tiempo real es una de las áreas donde Go realmente destaca. Este capítulo explora el uso de websockets y otras tecnologías de tiempo real para construir sistemas interactivos y eficientes.

Capítulo 24: Buenas Prácticas de Desarrollo con Go

A lo largo del libro hemos cubierto muchos temas fundamentales. En este capítulo consolidaremos las mejores prácticas de desarrollo, cubriendo patrones de diseño, organización de código y estrategias de optimización específicas para Go.

Capítulo 25: Proyectos Prácticos en Go

Finalmente, este capítulo presenta una serie de proyectos prácticos que integran todos los conceptos abordados a lo largo del libro. Estos proyectos te desafiarán a aplicar tus conocimientos y construir sistemas robustos y eficientes con Go.

Ahora estás listo para embarcarte en este viaje de aprendizaje y dominar Go, un lenguaje que puede transformar tu carrera y tus habilidades de programación. Prepárate para desarrollar aplicaciones de alto rendimiento y escalabilidad, destacándote en el competitivo mercado tecnológico de 2024.

CAPÍTULO 1. INTRODUCCIÓN A GO

Go, también conocido como Golang, es un lenguaje de programación creado por Google a finales de la primera década de los años 2000. Su desarrollo comenzó en 2007 por Robert Griesemer, Rob Pike y Ken Thompson, quienes buscaban resolver los desafíos enfrentados por grandes empresas tecnológicas en relación con la escalabilidad y la eficiencia en el desarrollo de software. Desde su lanzamiento oficial en 2009, Go ha ganado una amplia popularidad, convirtiéndose en una opción sólida para programadores que buscan rendimiento, simplicidad y facilidad de uso.

La elección del nombre "Go" no fue casual. El lenguaje fue diseñado para ser ágil, eficiente y capaz de manejar múltiples tareas simultáneamente, todo de una manera intuitiva y fácil de aprender. A lo largo de este capítulo, veremos por qué Go se ha convertido en uno de los lenguajes más utilizados y respetados en el panorama tecnológico actual, con un enfoque especial en su simplicidad, competitividad y aplicabilidad práctica en sistemas modernos.

La Historia de Go

Go nació de una frustración común en el mundo de la programación: la creciente complejidad de lenguajes como C++ y Java para manejar sistemas de software grandes. El equipo que creó Go estaba involucrado en proyectos a gran escala en Google y se dio cuenta de que muchos lenguajes modernos carecían de simplicidad y velocidad, características esenciales para el desarrollo ágil de software en entornos altamente dinámicos.

Con esto en mente, Griesemer, Pike y Thompson comenzaron a desarrollar un nuevo lenguaje que combinara lo mejor de dos mundos: la eficiencia de lenguajes como C con la simplicidad de lenguajes interpretados como Python. Así, Go fue diseñado para ser fácil de aprender, pero lo suficientemente poderoso como para manejar tareas complejas. Además, el lenguaje destaca por ofrecer un rendimiento excelente, cercano al de lenguajes compilados como C y C++, pero con una curva de aprendizaje mucho más suave.

Go fue lanzado oficialmente como un lenguaje de código abierto en 2009, y desde entonces, su comunidad ha crecido exponencialmente. Empresas de todos los tamaños comenzaron a adoptar Go debido a su capacidad para manejar sistemas distribuidos y altamente concurrentes, algo cada vez más esencial en el desarrollo de aplicaciones modernas, especialmente en la nube. Grandes empresas como Dropbox, Uber, Twitch y SoundCloud han adoptado Go para desarrollar sus sistemas escalables, consolidando el lenguaje como una de las principales opciones en el desarrollo de software contemporáneo.

Propósito del Lenguaje Go

El propósito principal de Go es ser un lenguaje simple y eficiente, con un fuerte enfoque en la concurrencia. A diferencia de otros lenguajes, que pueden requerir bibliotecas o frameworks externos para manejar múltiples tareas simultáneamente, Go tiene soporte nativo para la programación concurrente, lo que facilita el desarrollo de aplicaciones distribuidas y escalables. Go fue diseñado para ofrecer simplicidad sin sacrificar el rendimiento, haciéndolo ideal para aplicaciones en la nube, servidores, microservicios, APIs y sistemas que requieren alta eficiencia.

Otro punto destacado es la simplicidad en la gestión de dependencias. Go utiliza un sistema de módulos que facilita el control y la gestión de versiones de bibliotecas y paquetes, lo que hace que el proceso de desarrollo sea más organizado y menos propenso a errores.

Una característica importante de Go es la ausencia de jerarquías complejas, como la herencia múltiple, común en lenguajes orientados a objetos. En su lugar, Go adopta un modelo más simple basado en interfaces, lo que resulta en un código más limpio, legible y fácil de mantener. Este enfoque en la simplicidad es una de las principales razones por las que desarrolladores nuevos y experimentados eligen Go para sus proyectos.

La Importancia de Go en el Escenario Tecnológico Actual

En los últimos años, Go se ha convertido en uno de los lenguajes más solicitados para desarrollar sistemas que requieren alto rendimiento y concurrencia. Esto se debe en gran parte al crecimiento exponencial de la computación en la nube y a la creciente demanda de sistemas escalables y eficientes. Lenguajes tradicionales como Java y Python, aunque todavía ampliamente utilizados, a menudo enfrentan desafíos al manejar concurrencia y paralelismo de manera nativa y eficiente.

Go, por otro lado, fue diseñado desde sus cimientos para abordar estos desafíos. El soporte nativo para goroutines, una forma ligera de hilos, permite a los desarrolladores escribir código concurrente de manera sencilla y eficiente, sin la complejidad que se encuentra en otros lenguajes. A diferencia de los hilos tradicionales, que pueden ser engorrosos y difíciles de gestionar, las goroutines en Go son ligeras, permitiendo que miles de ellas se ejecuten simultáneamente sin sobrecargar el sistema.

La importancia de Go también se refleja en el hecho de que ha sido adoptado por grandes actores tecnológicos para desarrollar sistemas críticos. Docker, por ejemplo, utiliza Go como el lenguaje principal para desarrollar sus contenedores, ampliamente utilizados en entornos de computación en la nube. Kubernetes, otro ejemplo destacado, es una plataforma de orquestación de contenedores desarrollada en Go, esencial para la gestión de clústeres en entornos de nube.

La simplicidad y eficiencia de Go también han atraído a startups y empresas medianas que buscan construir productos rápidos y escalables con equipos de desarrollo más pequeños. Esto se debe a que Go reduce el tiempo necesario para escribir, probar y desplegar código, gracias a su sintaxis simple y soporte nativo para la concurrencia. Además, la gestión automática de memoria, con el recolector de basura integrado, facilita el desarrollo de aplicaciones sin la necesidad de gestionar manualmente la asignación y liberación de memoria, algo común en lenguajes como C y C++.

Otro factor que refuerza la importancia de Go en el escenario actual es su aplicabilidad en el desarrollo de APIs y microservicios, dos pilares de las arquitecturas modernas. La simplicidad y eficiencia de Go lo hacen ideal para construir y mantener servicios independientes que se comuniquen a través de APIs, facilitando la creación de sistemas distribuidos. Además, el lenguaje ofrece robustas bibliotecas para trabajar con redes, HTTP y JSON, lo que lo convierte en una opción natural para desarrollar servidores web y servicios RESTful.

En el campo de la ingeniería de datos, Go también ha destacado por su capacidad para procesar grandes volúmenes de datos de manera eficiente. Las aplicaciones que requieren manipulación de datos en tiempo real o sistemas de streaming pueden beneficiarse de las capacidades de concurrencia y paralelismo del lenguaje, convirtiéndolo en una excelente opción para empresas que trabajan con big data y análisis de datos a gran escala.

En resumen, Go se ha vuelto esencial para cualquier desarrollador que busque trabajar con tecnologías modernas, escalables y concurrentes. Su simplicidad y rendimiento lo convierten en un lenguaje preferido no solo para grandes empresas, sino también para desarrolladores independientes que desean construir soluciones eficientes sin sacrificar la legibilidad y mantenibilidad del código.

Elegir Go significa estar preparado para enfrentar los desafíos del desarrollo de sistemas modernos, ya sea en entornos locales o distribuidos, especialmente con el crecimiento exponencial de la computación en la nube y la demanda de sistemas que soporten múltiples conexiones y procesos simultáneos.

Go es, sin duda, uno de los lenguajes que mejor se adapta a las demandas del mercado tecnológico de 2024, y dominar este lenguaje te coloca en una posición ventajosa, listo para enfrentar los desafíos de sistemas concurrentes, APIs escalables y el desarrollo de soluciones que requieren eficiencia y velocidad.

CAPÍTULO 2. INSTALACIÓN Y CONFIGURACIÓN DEL ENTORNO

Antes de comenzar a programar en Go, el primer paso es asegurarte de que tienes configurado correctamente el entorno de desarrollo. Este capítulo te guiará a través del proceso de instalación de Go en varias plataformas y te proporcionará las mejores prácticas para configurar tu entorno de desarrollo de manera eficiente. Configurar correctamente el entorno es crucial para que puedas desarrollar sin interrupciones, asegurando que todas las herramientas necesarias estén listas para usar.

Instalación de Go

El proceso de instalación de Go varía dependiendo del sistema operativo que utilices. En este capítulo, cubriremos cómo instalar Go en las principales plataformas: Windows, macOS y Linux. Cada sistema tiene peculiaridades en el proceso de instalación, pero el objetivo es el mismo: garantizar que Go se instale correctamente y esté listo para el desarrollo.

Instalación en Windows

Para instalar Go en Windows, sigue estos pasos:

1. Visita la página oficial del lenguaje Go en https://golang.org/dl/. Aquí encontrarás las versiones más recientes del lenguaje. Al acceder al sitio, elige la versión correspondiente a tu sistema operativo. Para Windows, verás una opción para descargar el instalador con extensión .msi. Este instalador es simple y permite instalar Go en unos pocos clics.
2. Después de descargar el archivo, ejecútalo. Durante la instalación, puedes elegir el directorio de destino, pero

se recomienda mantener la ruta predeterminada, que generalmente es C:\Program Files\Go.

El instalador configurará automáticamente el entorno, incluyendo la variable PATH del sistema, lo que asegura que puedas acceder a Go desde cualquier terminal o símbolo del sistema. Para verificar que la instalación fue exitosa, abre el símbolo del sistema y escribe:

bash
```
go
go version
```

3. Si todo se configuró correctamente, el terminal mostrará la versión de Go que acabas de instalar.

Instalación en macOS

En macOS, el proceso es un poco diferente. Una de las formas más simples de instalar Go es utilizando Homebrew, un gestor de paquetes muy popular para macOS.

Si no tienes Homebrew instalado, puedes hacerlo abriendo la Terminal y ejecutando el siguiente comando:

bash
```
/bin/bash -c "$(curl -fsSL https://raw.githubusercontent.com/
Homebrew/install/HEAD/install.sh)"
```

Una vez instalado Homebrew, simplemente usa el siguiente comando para instalar Go:

bash
```
brew install go
```

Homebrew descargará la versión más reciente de Go y la instalará automáticamente. Una vez que el proceso termine, puedes verificar que la instalación fue exitosa ejecutando:

bash

go version

La Terminal debería mostrar la versión instalada de Go. Al igual que en Windows, Go estará configurado para ser accesible desde cualquier ventana de Terminal.

Instalación en Linux

En Linux, hay varias distribuciones, como Ubuntu, Fedora y CentOS. Afortunadamente, el proceso de instalación de Go es bastante similar entre estas distribuciones. Para facilitar la instalación, usaremos el método más universal: descargar el archivo binario directamente desde la página oficial de Go.

Primero, accede a https://golang.org/dl/ y descarga el archivo binario correspondiente a tu arquitectura. Para la mayoría de los sistemas Linux modernos, la versión adecuada será el archivo tarball con el sufijo linux-amd64.tar.gz.

Después de descargar, abre el terminal y navega al directorio donde se descargó el archivo. Luego, descomprime el archivo en el directorio /usr/local:

bash

```
sudo tar -C /usr/local -xzf go1.XX.linux-amd64.tar.gz
```

Asegúrate de reemplazar go1.XX por la versión de Go que descargaste.

Luego, necesitas agregar Go a tu PATH. Para hacerlo, agrega la siguiente línea al archivo .profile o .bashrc (dependiendo de tu distribución):

bash

```
export PATH=$PATH:/usr/local/go/bin
```

Después de agregar esta línea, ejecuta el comando:

bash

source ~/.profile

O, si editaste el .bashrc:

bash
source ~/.bashrc

Ahora Go está configurado y listo para usar. Verifica la instalación ejecutando el comando go version.

Configuración del Entorno de Desarrollo

Después de instalar Go en tu sistema, el siguiente paso es configurar el entorno de desarrollo. Esto incluye elegir un editor de código o IDE, gestionar paquetes y configurar variables de entorno.

Elección del Editor de Código

Aunque Go es un lenguaje simple y eficiente, tu elección de editor de código puede marcar una gran diferencia en tu productividad. Aquí hay algunas opciones populares para el desarrollo con Go:

- **Visual Studio Code (VS Code):** Es uno de los editores más populares para Go. Es liviano, rápido y tiene una amplia gama de extensiones, incluyendo una específicamente para Go, que ofrece soporte para autocompletado de código, depuración, linting y formato automático.
- **GoLand:** Si prefieres un entorno de desarrollo integrado (IDE) completo, GoLand, de JetBrains, es una excelente opción. Ofrece integración profunda con Go, incluyendo herramientas como depuración, pruebas y control de versiones.

- **Sublime Text:** Otra opción ligera y rápida es Sublime Text, que admite Go a través de complementos como "GoSublime".

Configuración de Go Modules

Go Modules es la herramienta oficial para gestionar dependencias en Go. Para iniciar un nuevo proyecto con Go Modules, sigue estos pasos:

Crea un nuevo directorio para tu proyecto y navega a él en la terminal. Luego ejecuta el siguiente comando:

bash

```
go mod init nombre-del-proyecto
```

Este comando crea un archivo go.mod, donde se almacenarán todas las dependencias e información del proyecto.

Configuración de Variables de Entorno

La variable principal es el GOPATH, que define el directorio donde Go almacena sus paquetes y proyectos. Para configurarlo, agrega esta línea a tu archivo .bashrc o .profile:

bash

```
export GOPATH=$HOME/go
```

Asegúrate de ejecutar source para aplicar los cambios.

Probando tu Instalación

Crea un archivo main.go con el siguiente código:

go

```
package main
```

```go
import "fmt"

func main() {
    fmt.Println("Hello, Go!")
}
```

Ejecuta el programa con:

bash

```
go run main.go
```

Deberías ver el mensaje "Hello, Go!" en la terminal. Con esto, estás listo para explorar Go y desarrollar aplicaciones eficientes y competitivas.

CAPÍTULO 3. COMENZANDO: HELLO WORLD EN GO

El primer paso para aprender cualquier nuevo lenguaje de programación es escribir un programa simple que te ayude a familiarizarte con su sintaxis y funcionamiento. En Go, el programa tradicional para comenzar es el famoso "Hello World". Este capítulo te guiará en la creación, ejecución y comprensión de este primer programa, proporcionando una base sólida para el resto de tu aprendizaje.

Escribir "Hello World" en Go es una excelente manera de familiarizarte con la estructura básica del lenguaje, el uso de paquetes y cómo compilar y ejecutar un programa en el entorno de Go. La simplicidad de este ejemplo oculta el hecho de que, incluso en un código tan corto, ya estás utilizando componentes fundamentales del lenguaje, como el paquete principal main y la función fmt.Println.

Estructura Básica de un Programa en Go

Cuando escribes tu primer programa en Go, es importante entender la estructura básica que sigue cada programa. A diferencia de algunos lenguajes donde puedes comenzar a escribir código directamente, Go requiere que organices tu código en paquetes. Un paquete es simplemente una colección de archivos de código que se agrupan para formar un conjunto lógico de funcionalidades. Cada programa en Go comienza con un paquete llamado main, que indica que este es el punto de entrada para ejecutar el programa.

La función principal del programa se llama main(). Esta función es obligatoria para cualquier programa ejecutable en Go e indica dónde debe comenzar a ejecutarse el programa. Sin ella, el compilador no sabrá cómo iniciar la ejecución de tu código.

Ahora veamos el código básico que constituye "Hello World" en Go:

go

```go
package main

import "fmt"

func main() {
    fmt.Println("Hello, World!")
}
```

Aunque el código es corto, ya contiene algunos de los elementos fundamentales de Go, que detallaremos a continuación.

El Paquete Principal

El primer elemento que aparece en el código es la declaración del paquete:

go

```go
package main
```

Esto le dice al compilador de Go que este archivo es parte del paquete principal, es decir, el punto de entrada del programa. El compilador necesita esta información para saber que este es el archivo que debe ejecutarse. Todo programa en Go que será compilado como un ejecutable necesita declarar el paquete main. Los archivos que no tienen esta declaración suelen ser parte de bibliotecas o paquetes auxiliares, pero no pueden ejecutarse directamente.

En Go, todos los archivos deben pertenecer a un paquete. Esto mantiene el código organizado y facilita la reutilización de módulos entre diferentes partes del programa.

Importación de Paquetes

El siguiente paso en el código es la importación de paquetes. En Go, para usar funciones o bibliotecas que no están definidas en tu código, debes importarlas. En el ejemplo de "Hello World", importamos el paquete fmt, que contiene funciones para formatear e imprimir textos.

go

```go
import "fmt"
```

La función Println, que usamos para mostrar el mensaje "Hello, World!" en el terminal, forma parte de ese paquete. fmt.Println es una función predefinida que imprime la cadena proporcionada, seguida de una nueva línea. Usar paquetes en Go es sencillo: solo llama a la función precedida por el nombre del paquete (fmt.Println), y el compilador sabrá que te refieres a una función dentro de ese paquete.

Go viene con una rica biblioteca estándar, y el paquete fmt es solo un ejemplo. Incluye muchas otras bibliotecas útiles para manipulación de cadenas, entrada y salida de datos, manipulación de archivos, entre otras características esenciales para cualquier programa.

Función Principal

El siguiente elemento esencial en el programa "Hello World" es la función main:

go

```go
func main() {
    fmt.Println("Hello, World!")
}
```

Esta función es obligatoria en cualquier programa de Go que desees ejecutar. La función main es donde el programa comienza a ejecutarse. En Go, todas las funciones se declaran con la palabra clave func, seguida del nombre de la función y la lista de parámetros entre paréntesis (en este caso, la función main no recibe parámetros).

Todo lo que coloques dentro del bloque {} será ejecutado cuando se ejecute el programa. En nuestro ejemplo, dentro de main, llamamos a la función fmt.Println para imprimir "Hello, World!" en el terminal.

La función main no devuelve ningún valor. Sirve exclusivamente como punto de entrada para el programa, y una vez que termina su ejecución, el programa también termina. Si deseas escribir programas más complejos, con funciones que reciban parámetros y devuelvan valores, puedes hacerlo fácilmente en Go, pero la función main seguirá siendo el punto de inicio de la ejecución.

Compilación y Ejecución del Programa

Después de escribir el código de "Hello World", el siguiente paso es compilarlo y ejecutarlo. A diferencia de lenguajes como Python, que son interpretados, Go es un lenguaje compilado. Esto significa que el código fuente debe convertirse en un archivo binario antes de ser ejecutado. Afortunadamente, el proceso de compilación en Go es muy simple y eficiente.

Supongamos que has guardado el archivo con el código anterior como main.go. Para compilar y ejecutar el programa, sigue estos pasos:

1. Abre el terminal o el símbolo del sistema.
2. Navega al directorio donde guardaste el archivo main.go.

Ejecuta el siguiente comando para compilar y ejecutar el programa:

bash

```
go run main.go
```

3.

El comando go run se utiliza para compilar y ejecutar el código de una vez. Si no hay errores en el código, verás el siguiente resultado en el terminal:

Hello, World!

Si deseas compilar el programa en un binario sin ejecutarlo inmediatamente, usa el comando go build:

bash

go build main.go

Esto creará un archivo ejecutable en el mismo directorio donde se encuentra el archivo main.go. En Windows, se generará un archivo .exe, mientras que en Linux o macOS se generará un archivo binario ejecutable.

Para ejecutar el programa compilado directamente:

bash

./main

En Windows, el comando sería:

bash

main.exe

Explicando la Función fmt.Println en Detalle

La función Println es parte del paquete fmt, abreviatura de "format". Esta función muestra en el terminal la cadena que se le pasa y luego inserta automáticamente una nueva línea.

Por ejemplo, si escribes el siguiente código:

go

fmt.Print("Hello, ")

```
fmt.Print("World!")
```

El resultado será:

```
Hello, World!
```

Por otro lado, si usas fmt.Println:

```go
fmt.Println("Hello, ")
fmt.Println("World!")
```

El resultado será:

```
Hello,
World!
```

Esta diferencia puede parecer sutil, pero es importante entender cómo funciona Println para controlar mejor el formato de la salida en el terminal.

Próximos Pasos

Ahora que has escrito y ejecutado tu primer programa en Go, estás listo para comenzar a explorar conceptos más avanzados del lenguaje. El programa "Hello World" es solo el punto de partida, pero la base que construyes aquí será fundamental para todo tu aprendizaje posterior.

CAPÍTULO 4: FUNDAMENTOS DEL LENGUAJE GO

Este capítulo profundiza en los conceptos básicos que forman la base del lenguaje Go. Comprender estos fundamentos es esencial para tener éxito en las secciones posteriores del libro, donde los conceptos se ampliarán. Aquí cubriremos tipos de datos, variables, operadores y estructuras de control de flujo.

Tipos de Datos

Go es un lenguaje de tipo estático, lo que significa que cada variable tiene un tipo asociado al momento de su declaración. Los tipos básicos incluyen:

- **Enteros:** int, int8, int16, int32, int64 (incluyendo variantes sin signo: uint, uint8, etc.).
- **Números de punto flotante:** float32 y float64.
- **Cadenas de texto:** secuencias de caracteres UTF-8.
- **Booleanos:** true o false.
- Otros tipos útiles: byte (alias para uint8) y rune (alias para int32).

Ejemplo de declaración:

go

```
var age int = 30
var height float64 = 1.75
name := "Diego" // Declaración corta
```

La declaración corta (:=) permite la inferencia automática del tipo.

Variables y Constantes

Las variables pueden declararse explícitamente o utilizando la inferencia de tipos. Las constantes son valores inmutables definidos con la palabra clave const.

go

```go
var x int = 10 // Declaración explícita
y := 20     // Declaración corta
const PI = 3.14
```

Operadores

Go admite una variedad de operadores, divididos en:

- **Aritméticos:** +, -, *, /, %
- **Relacionales:** ==, !=, <, >, <=, >=
- **Lógicos:** &&, ||, !
- **De asignación:** =, +=, -=, *=, /=

Ejemplo de uso:

go

```go
a, b := 10, 20
sum := a + b
equal := a == b
```

Control de Flujo

El control de flujo en Go utiliza estructuras como if, switch, for y range.

Condicionales

go

```go
if x > 10 {
    fmt.Println("Mayor que 10")
} else if x == 10 {
```

```go
    fmt.Println("Igual a 10")
} else {
    fmt.Println("Menor que 10")
}
```

Switch

```go
day := "Monday"
switch day {
case "Monday":
    fmt.Println("Inicio de la semana")
default:
    fmt.Println("Otro día")
}
```

Bucles

En Go, for es la única estructura de bucle:

```go
for i := 0; i < 5; i++ {
    fmt.Println(i)
}
```

Para iterar sobre slices o mapas:

```go
names := []string{"Diego", "Ana", "Lucas"}
for index, name := range names {
    fmt.Printf("%d: %s\n", index, name)
}
```

Con estos fundamentos, estás listo para crear estructuras básicas en Go, entendiendo sus principales conceptos de control y tipos de datos. En el próximo capítulo, exploraremos el flujo de control en mayor profundidad.

CAPÍTULO 5. CONTROL DE FLUJO

Uno de los pilares de la programación en cualquier lenguaje es el control de flujo. Define cómo un programa toma decisiones y repite acciones basadas en condiciones específicas. En Go, las principales estructuras de control de flujo son: if, else, switch y for. Estos elementos te permiten controlar el comportamiento de tu programa, reaccionar a diferentes escenarios y realizar operaciones repetitivas cuando sea necesario.

Go mantiene sus estructuras de control simples, pero eso no significa que sean limitadas. Por el contrario, son poderosas, flexibles y fáciles de entender. A lo largo de este capítulo, aprenderás a usar estas estructuras para tomar decisiones y crear bucles que harán tus programas más dinámicos e interactivos.

Condicionales: If y Else

La estructura condicional más básica y ampliamente utilizada es el if. El if evalúa una condición booleana (que puede ser true o false) y ejecuta un bloque de código si esa condición se cumple. Si la condición no es verdadera, el programa puede optar por no hacer nada o ejecutar un bloque alternativo de código usando else.

La sintaxis básica de un if en Go es la siguiente:

go

```
if condition {
    // código a ejecutar si la condición es verdadera
}
```

Aquí hay un ejemplo simple para ilustrar:

go

```go
package main

import "fmt"

func main() {
    x := 10

    if x > 5 {
        fmt.Println("x es mayor que 5")
    }
}
```

En este ejemplo, la variable x se evalúa y, dado que su valor es mayor que 5, se imprimirá el mensaje "x es mayor que 5" en el terminal.

El else se puede usar para capturar todos los casos donde la condición del if no sea verdadera:

go

```go
if condition {
    // código para cuando la condición es verdadera
} else {
    // código para cuando la condición es falsa
}
```

Aquí hay un ejemplo con else:

go

```go
package main

import "fmt"

func main() {
    x := 3

    if x > 5 {
        fmt.Println("x es mayor que 5")
```

```
    } else {
        fmt.Println("x no es mayor que 5")
    }
}
```

En este ejemplo, como x no es mayor que 5, se ejecutará el bloque dentro de else, y el resultado será "x no es mayor que 5" en el terminal.

Go también permite el uso de múltiples if y else en secuencia, creando una cadena de condiciones que se evaluarán una por una. Esto se logra con else if:

go

```
if condition1 {
    // código para condition1 verdadera
} else if condition2 {
    // código para condition2 verdadera
} else {
    // código si ninguna condición es verdadera
}
```

Un ejemplo más completo:

go

```
package main

import "fmt"

func main() {
    x := 8

    if x > 10 {
        fmt.Println("x es mayor que 10")
    } else if x > 5 {
        fmt.Println("x es mayor que 5 pero menor o igual a 10")
    } else {
        fmt.Println("x es menor o igual a 5")
```

```
    }
}
```

En este ejemplo, el valor de x está entre 5 y 10, por lo que la segunda condición será verdadera y se mostrará el mensaje "x es mayor que 5 pero menor o igual a 10".

Switch

Aunque la estructura if-else funciona bien para múltiples condiciones, en algunos casos es más elegante y eficiente usar switch. El switch es útil cuando tienes una variable que puede tomar varios valores y quieres ejecutar diferentes bloques de código según esos valores.

La sintaxis básica de un switch en Go es:

go

```go
switch expression {
case value1:
    // código si expression == value1
case value2:
    // código si expression == value2
default:
    // código si ninguno de los casos se cumple
}
```

El switch compara el valor de la expresión con cada case. Cuando encuentra una coincidencia, ejecuta el código asociado y omite los demás case. Si ninguno de los case coincide, se ejecutará el bloque default (opcional).

Un ejemplo:

go

```go
package main

import "fmt"
```

```go
func main() {
    day := "Tuesday"

    switch day {
    case "Monday":
        fmt.Println("Hoy es lunes")
    case "Tuesday":
        fmt.Println("Hoy es martes")
    case "Wednesday":
        fmt.Println("Hoy es miércoles")
    default:
        fmt.Println("No sé qué día es")
    }
}
```

En este ejemplo, el valor de la variable day se compara con los valores definidos en cada case. Como el valor de day es "Tuesday", el programa imprimirá "Hoy es martes". Si day tuviera cualquier otro valor que no estuviera en los case, se imprimiría "No sé qué día es".

A diferencia de algunos lenguajes como C o JavaScript, Go no necesita una declaración break después de cada case para evitar que los demás casos se ejecuten. En Go, el switch sale automáticamente después de que se encuentra una coincidencia. Sin embargo, si deseas que el código continúe evaluando los casos siguientes, puedes usar la palabra clave fallthrough:

go

```go
switch expression {
case value1:
    // código
    fallthrough
case value2:
    // código
```

```
}
```

Bucles Repetitivos: For

La estructura de repetición más común en Go es el for. Mientras que muchos lenguajes tienen diferentes tipos de bucles como while, do-while y for, Go simplifica esto adoptando solo el for, que se puede usar en diferentes contextos.

La sintaxis básica de un for es:

go

```
for initialization; condition; increment {
    // código a ejecutar repetidamente
}
```

Esta estructura te permite ejecutar un bloque de código repetidamente mientras una condición sea verdadera. La inicialización generalmente implica establecer una variable de contador, la condición verifica si el bucle debe continuar, y el incremento actualiza la variable del contador.

Un ejemplo simple:

go

```
package main

import "fmt"

func main() {
    for i := 0; i < 5; i++ {
        fmt.Println(i)
    }
}
```

Aquí, la variable i se inicializa con el valor 0, y el bucle continuará ejecutándose mientras i sea menor que 5. En cada iteración, el valor de i se incrementa en 1. El resultado es la impresión de los números del 0 al 4 en el terminal.

El for en Go también se puede usar de una manera más simple, con solo una condición, similar al while de otros lenguajes:

go
```
i := 0
for i < 5 {
    fmt.Println(i)
    i++
}
```

Otra característica interesante del for en Go es que puede usarse sin una condición explícita. Si omites la condición, el for se convierte en un bucle infinito:

go
```
for {
    fmt.Println("Bucle infinito")
}
```

Este código imprimirá "Bucle infinito" repetidamente hasta que detengas manualmente el programa. Es útil para servidores y otros procesos que deben ejecutarse indefinidamente.

Para salir de un bucle antes de que la condición sea falsa, puedes usar la palabra clave break:

go
```
for i := 0; i < 10; i++ {
    if i == 5 {
        break
    }
    fmt.Println(i)
}
```

La palabra clave continue también se puede usar para omitir una iteración y continuar con el bucle:

go

```go
for i := 0; i < 5; i++ {
    if i == 2 {
        continue
    }
    fmt.Println(i)
}
```

Entender y dominar las estructuras de control de flujo es esencial para escribir programas en Go eficientes y organizados. Usar condicionales como if, else y switch, combinados con los bucles for, te permite desarrollar una amplia gama de aplicaciones, desde operaciones simples hasta procesos complejos y dinámicos. Estas estructuras serán una base sólida para desarrollar funcionalidades más avanzadas en Go.

CAPÍTULO 6. FUNCIONES EN GO

Las funciones son bloques de código que realizan tareas específicas y pueden reutilizarse en varias partes de tu programa. En Go, las funciones son fundamentales para estructurar y modularizar tu código de manera eficiente y legible. Te permiten organizar el programa en partes más pequeñas, facilitando su mantenimiento, pruebas y ampliación. En este capítulo, aprenderás a declarar, invocar y pasar parámetros a funciones en Go, además de explorar la flexibilidad que el lenguaje ofrece respecto a los valores de retorno.

Declaración de Funciones

Declarar una función en Go sigue una estructura simple y directa. Cada función comienza con la palabra clave func, seguida del nombre de la función, los parámetros entre paréntesis y, opcionalmente, un valor de retorno. El cuerpo de la función se delimita con llaves {}, donde se ejecuta el código que realiza la tarea definida.

Aquí hay un ejemplo básico de una función que imprime un mensaje en el terminal:

go

```go
func saudacao() {
    fmt.Println("¡Hola, bienvenido a Go!")
}
```

En este ejemplo, declaramos la función saudacao. No recibe ningún parámetro ni devuelve valores. Su único propósito es imprimir el mensaje "¡Hola, bienvenido a Go!". La función está declarada, pero para que se ejecute, debemos invocarla, como veremos más adelante.

Invocación de Funciones

Para ejecutar una función, simplemente llámala por su nombre seguido de paréntesis. Vamos a invocar la función saudacao:

go

```go
func main() {
    saudacao()
}
```

Cuando se ejecuta el programa, se llamará a la función saudacao y se mostrará el mensaje en el terminal. Es importante entender que, en Go, la función main es el punto de entrada para todos los programas. Esto significa que, para que cualquier función se ejecute, debe ser invocada directa o indirectamente desde la función main.

Funciones con Parámetros

Las funciones pueden recibir valores llamados parámetros, que se pasan en el momento de invocar la función. Estos parámetros permiten que la función sea más flexible, adaptando su comportamiento según los valores proporcionados.

Para declarar una función que acepte parámetros, inclúyelos entre paréntesis en la declaración, especificando el nombre y el tipo de cada parámetro.

Aquí hay un ejemplo de una función que acepta un parámetro name de tipo string:

go

```go
func saudacaoPersonalizada(name string) {
    fmt.Println("¡Hola, " + name + ", bienvenido a Go!")
}
```

Ahora, la función saudacaoPersonalizada imprime un mensaje personalizado basado en el nombre proporcionado. Para invocar esta función, pasamos un argumento al llamarla:

go

```go
func main() {
    saudacaoPersonalizada("Diego")
}
```

La salida de este código será:

css

```
Hola Diego, bienvenido a Go!
```

Aquí, "Diego" es el argumento pasado a la función, que lo utiliza para formar el saludo.

Funciones con Múltiples Parámetros

Go permite declarar funciones con múltiples parámetros. Estos parámetros se separan por comas y cada uno debe tener un tipo especificado. Si varios parámetros son del mismo tipo, puedes simplificar la declaración.

Ejemplo de una función que toma dos enteros y muestra su suma:

go

```go
func suma(a int, b int) {
    fmt.Println("La suma es:", a+b)
}
```

En este caso, la función suma acepta dos parámetros, a y b, ambos de tipo int. Para llamar a la función, proporcionamos dos enteros:

go

```go
func main() {
    suma(10, 20)
}
```

La salida será:

yaml

La suma es: 30

También puedes simplificar la sintaxis declarando el tipo solo una vez cuando los parámetros sean del mismo tipo:

go

```go
func suma(a, b int) {
    fmt.Println("La suma es:", a+b)
}
```

Funciones con Valores de Retorno

Además de recibir parámetros, las funciones pueden devolver valores. Esto es útil cuando necesitas que la función realice algún cálculo u operación y devuelva un resultado.

Para declarar una función que devuelva un valor, especifica el tipo del valor de retorno inmediatamente después de los paréntesis de la lista de parámetros.

Ejemplo de una función que suma dos números y devuelve el resultado:

go

```go
func suma(a, b int) int {
    return a + b
}
```

La función suma ahora devuelve un valor de tipo int. El retorno se realiza con la palabra clave return, seguida del valor que debe devolverse. Para usar el valor devuelto, podemos almacenarlo en una variable:

go

```go
func main() {
    resultado := suma(10, 20)
    fmt.Println("El resultado de la suma es:", resultado)
}
```

La salida será:

yaml

```
El resultado de la suma es: 30
```

Funciones con Múltiples Valores de Retorno

Go tiene una característica poderosa que permite que las funciones devuelvan múltiples valores. Esto es especialmente útil en situaciones donde, además del resultado principal, también deseas devolver información adicional, como un posible error.

Ejemplo de una función que devuelve dos valores:

go

```go
func dividir(a, b int) (int, string) {
    if b == 0 {
        return 0, "Error: división por cero"
    }
    return a / b, ""
}
```

En este ejemplo, la función dividir toma dos enteros y devuelve dos valores: el resultado de la división y un mensaje de error si el denominador es cero. Para invocar la función y capturar ambos valores de retorno:

go

```go
func main() {
    resultado, error := dividir(10, 0)
```

```
if error != "" {
    fmt.Println(error)
} else {
    fmt.Println("El resultado de la división es:", resultado)
}
}
```

La salida será:

javascript

Error: división por cero

Funciones Variádicas

En Go, puedes crear funciones que acepten un número variable de argumentos, llamadas funciones variádicas. Este tipo de función permite pasar un número indefinido de parámetros del mismo tipo.

Ejemplo de una función que suma una cantidad indefinida de números:

go

```
func sumarNumeros(numeros ...int) int {
    total := 0
    for _, num := range numeros {
        total += num
    }
    return total
}
```

La función sumarNumeros utiliza el operador ... para indicar que puede aceptar cualquier cantidad de argumentos enteros. Internamente, la función trata los parámetros como un slice de enteros.

Para llamar a esta función, puedes pasar tantos números como desees:

go

```go
func main() {
    resultado := sumarNumeros(1, 2, 3, 4, 5)
    fmt.Println("La suma es:", resultado)
}
```

La salida será:

yaml

```
La suma es: 15
```

Funciones Anónimas y Funciones como Valores

Go también permite declarar funciones anónimas, es decir, funciones que no tienen un nombre específico. Estas funciones pueden asignarse a variables o pasarse como argumentos a otras funciones.

Ejemplo de una función anónima:

go

```go
func main() {
    saludo := func(nombre string) {
        fmt.Println("Hola,", nombre)
    }
    saludo("Diego")
}
```

En este ejemplo, la función anónima que imprime un saludo personalizado se asigna a la variable saludo y puede invocarse usando esta variable.

Además, las funciones pueden pasarse como argumentos a otras funciones, una técnica poderosa de programación funcional:

go

```go
func ejecutar(fn func(string), nombre string) {
```

```
    fn(nombre)
}

func main() {
   ejecutar(func(nombre string) {
       fmt.Println("Hola,", nombre)
   }, "Diego")
}
```

En este caso, la función anónima se pasa como argumento a la función ejecutar, que la invoca con el nombre proporcionado.

Las funciones en Go son extremadamente versátiles y poderosas, permitiéndote modularizar tu código, reutilizar lógica y manipular datos de manera eficiente. Dominar el uso de funciones en Go es un paso fundamental para escribir programas organizados, legibles y eficientes.

CAPÍTULO 7. TRABAJANDO CON ARRAYS Y SLICES

En Go, la manipulación de colecciones de datos se realiza principalmente con arrays y slices. Ambos permiten almacenar múltiples valores del mismo tipo y acceder a ellos de manera eficiente. Sin embargo, los arrays y slices tienen características distintas que los hacen más adecuados para diferentes tipos de tareas.

El **array** es una estructura de datos de tamaño fijo. Una vez creado, el número de elementos que puede almacenar no se puede cambiar. Por otro lado, el **slice** es una estructura más flexible, que permite aumentar o reducir el número de elementos según sea necesario, lo que lo convierte en la opción preferida en la mayoría de situaciones en Go.

Arrays

Un array en Go es una colección de elementos de tamaño fijo. Todos los elementos del array deben ser del mismo tipo, y el tamaño del array es parte de su definición. La declaración de un array en Go se realiza especificando el tipo de los elementos y el número de elementos que puede almacenar.

Aquí hay un ejemplo de declaración de un array de enteros con cinco posiciones:

go

```
var numeros [5]int
```

Este código crea un array llamado numeros, que puede almacenar cinco enteros. Todos los elementos del array se inicializan con el valor cero del tipo, en el caso de los enteros, el valor 0.

Los elementos de un array se pueden acceder a través de sus índices, que comienzan en 0. Para asignar o acceder a valores en un array, simplemente usa la notación de corchetes:

go
```
numeros[0] = 10
fmt.Println(numeros[0]) // Imprime 10
```

El ejemplo anterior asigna el valor 10 a la primera posición del array y luego imprime ese valor. Para llenar todo el array, puedes usar un bucle:

go
```
for i := 0; i < len(numeros); i++ {
    numeros[i] = i * 2
}
```

Este código recorre cada índice del array y le asigna el doble del valor de i. La longitud de un array se puede obtener utilizando la función len(), que devuelve el número de elementos presentes en el array.

La desventaja de los arrays en Go es que tienen un tamaño fijo. Una vez creado un array, no es posible aumentar o disminuir su tamaño. Para solucionar esto, Go ofrece los **slices**, una estructura más flexible.

Slices

Los slices son una abstracción sobre los arrays. Son mucho más flexibles, permitiendo un cambio dinámico de tamaño y ofreciendo más funcionalidades para la manipulación de colecciones de datos. Internamente, un slice es una vista sobre un array, pero no tiene un tamaño fijo.

Un slice se puede crear a partir de un array existente o utilizando la función make, que crea un slice con una longitud y capacidad inicial.

Aquí hay un ejemplo de creación de un slice:

go

```go
numeros := []int{1, 2, 3, 4, 5}
```

Este código crea un slice de enteros con cinco elementos. La diferencia entre esta declaración y la de un array es que, al no especificar el tamaño entre corchetes, estamos declarando un slice.

Otra forma de crear un slice es usando la función make. Esto permite crear un slice con una longitud inicial pero sin valores definidos:

go

```go
numeros := make([]int, 5)
```

Este código crea un slice de enteros con longitud 5, es decir, inicialmente puede almacenar cinco enteros. Todos los elementos se inicializan con el valor cero del tipo.

Una de las principales ventajas de los slices es su capacidad para crecer dinámicamente. Un slice puede aumentar o disminuir según sea necesario, lo que lo hace mucho más útil para la mayoría de las aplicaciones que los arrays. Para agregar elementos a un slice, usamos la función append:

go

```go
numeros := []int{1, 2, 3}
numeros = append(numeros, 4, 5)
fmt.Println(numeros) // Imprime [1 2 3 4 5]
```

El slice numeros fue creado con tres elementos y luego usamos la función append para agregar dos elementos más, 4 y 5. La función append crea un nuevo slice con los elementos adicionales, lo que permite manipular colecciones de datos de manera dinámica y eficiente.

Otra característica importante de los slices es la capacidad de extraer sublistas o "rebanar" un slice existente. Esto se hace utilizando la notación [inicio:fin], donde inicio es el índice inicial (inclusivo) y fin es el índice final (exclusivo).

Por ejemplo:

go

```
subSlice := numeros[1:4]
fmt.Println(subSlice) // Imprime [2 3 4]
```

Este código extrae una sublista del slice numeros, tomando los elementos entre los índices 1 y 3 (el índice 4 está excluido).

Longitud y Capacidad de un Slice

Un slice en Go tiene dos atributos principales: longitud y capacidad.

- **Longitud:** Es el número de elementos en el slice.
- **Capacidad:** Es el número total de elementos que el slice puede almacenar antes de necesitar reasignar memoria.

La longitud se puede obtener utilizando la función len(), y la capacidad se verifica con la función cap():

go

```
numeros := make([]int, 3, 5)
fmt.Println(len(numeros)) // Imprime 3
fmt.Println(cap(numeros)) // Imprime 5
```

En este ejemplo, el slice numeros fue creado con una longitud de 3 y una capacidad de 5. Esto significa que el slice actualmente tiene tres elementos, pero puede crecer hasta cinco antes de necesitar reasignar memoria.

Iterando sobre Arrays y Slices

La forma más común de iterar sobre los elementos de un array o slice es usando el bucle for con el índice de los elementos. Otra opción es usar el for range, que simplifica el código al proporcionar tanto el índice como el valor del elemento en cada iteración.

Ejemplo con for:

go

```go
numeros := []int{1, 2, 3, 4, 5}
for i := 0; i < len(numeros); i++ {
    fmt.Println(numeros[i])
}
```

Ejemplo con for range:

go

```go
for i, valor := range numeros {
    fmt.Println("Índice:", i, "Valor:", valor)
}
```

Comparación entre Arrays y Slices

Una diferencia importante entre arrays y slices es cómo se manejan en Go.

- **Arrays:** Se pasan por valor. Cuando pasas un array a una función, se crea una copia del array original.
- **Slices:** Se pasan por referencia. Cuando pasas un slice a una función, esta tiene acceso directo al array subyacente que almacena los datos del slice.

Ejemplo que ilustra esta diferencia:

go

```go
func modificarArray(arr [5]int) {
    arr[0] = 100
}
```

```go
func modificarSlice(slice []int) {
    slice[0] = 100
}

func main() {
    arr := [5]int{1, 2, 3, 4, 5}
    modificarArray(arr)
    fmt.Println(arr) // Imprime [1 2 3 4 5], el array original no se
modificó

    slice := []int{1, 2, 3, 4, 5}
    modificarSlice(slice)
    fmt.Println(slice) // Imprime [100 2 3 4 5], el slice original se
modificó
}
```

Copiando Slices

Si necesitas crear una copia de un slice, puedes usar la función copy.

go

```go
origen := []int{1, 2, 3, 4, 5}
destino := make([]int, len(origen))
copy(destino, origen)
```

Este código crea un nuevo slice destino y copia los elementos del slice origen.

Trabajar con datos en Go es eficiente y flexible gracias a los arrays y slices. Aunque los arrays son limitados por su tamaño fijo, los slices ofrecen una solución dinámica y poderosa para almacenar y manipular colecciones de datos.

CAPÍTULO 8. ESTRUCTURAS Y MÉTODOS

En Go, las **structs** son una de las principales formas de agrupar datos relacionados, y los métodos permiten asociar comportamientos a estas estructuras. A diferencia de lenguajes como Java o Python, donde la orientación a objetos se basa en clases, Go adopta un modelo más simple y directo, utilizando structs para representar entidades y métodos para definir su comportamiento. Esto facilita la comprensión y el mantenimiento del código, especialmente en proyectos grandes.

Definiendo Estructuras

Una **struct** en Go es una colección de campos que agrupan variables de diferentes tipos en una única entidad lógica. Cada campo tiene un nombre y un tipo, y una **struct** puede tener cualquier cantidad de campos. Esta estructura es particularmente útil al trabajar con datos complejos que necesitan agruparse lógicamente.

La declaración de una **struct** en Go se realiza utilizando la palabra clave type, seguida del nombre de la **struct** y luego la palabra struct, que contiene los campos.

Aquí hay un ejemplo sencillo de una **struct** que define una entidad Person:

go

```go
type Person struct {
    Name string
    Age  int
}
```

La **struct** Person contiene dos campos: Name, que es una cadena de texto (string), y Age, que es un entero (int). Estos campos almacenan información relacionada con una persona.

Una vez definida, una **struct** puede usarse para crear instancias de este tipo de datos. Veamos cómo instanciar y usar una **struct**:

go

```go
func main() {
  p := Person{
    Name: "Diego",
    Age:  30,
  }

  fmt.Println(p.Name) // Imprime: Diego
  fmt.Println(p.Age)  // Imprime: 30
}
```

En el ejemplo anterior, la variable p almacena una instancia de la **struct** Person. Asignamos valores a los campos Name y Age y luego accedemos a estos valores utilizando la notación de punto (.).

También es posible inicializar una **struct** sin especificar explícitamente los nombres de los campos, pero en este caso, es importante que los valores se pasen en el mismo orden en que se declararon los campos en la **struct**:

go

```go
p := Person{"Diego", 30}
```

Aunque esta forma funciona, usar los nombres de los campos hace que el código sea más legible, especialmente en **structs** con muchos campos o de diferentes tipos.

Campos Anónimos y Anidados

En Go, puedes crear **structs** con campos anónimos, que

básicamente son campos que usan el nombre de otro tipo. Esto permite que una **struct** incluya otra **struct** o tipo directamente, creando una jerarquía simple.

Aquí hay un ejemplo que demuestra el uso de campos anidados:

go

```go
type Address struct {
    Street string
    Number int
}

type Person struct {
    Name    string
    Age     int
    Address
}
```

En el ejemplo anterior, la **struct** Person contiene un campo Address, que es otra **struct** separada. Este campo es anidado, lo que significa que los campos de Address pueden accederse directamente desde Person sin necesidad de referenciar explícitamente el nombre Address:

go

```go
p := Person{
    Name: "Diego",
    Age: 30,
    Address: Address{
        Street: "Main Street",
        Number: 123,
    },
}

fmt.Println(p.Street) // Accede directamente al campo Street
fmt.Println(p.Number) // Accede directamente al campo
Number
```

Esto facilita el acceso a los campos anidados y es especialmente útil para crear jerarquías de datos simples.

Métodos en Go

En Go, los métodos son funciones que pueden asociarse a tipos, permitiendo agregar comportamientos a una **struct**. La sintaxis de un método en Go es similar a la de una función normal, pero con la adición de un "receptor", que es el tipo al que se asocia el método.

Aquí hay un ejemplo de cómo definir y usar un método asociado a la **struct** Person:

go

```go
func (p Person) Greeting() {
    fmt.Printf("Hola, me llamo %s y tengo %d años.\n", p.Name, p.Age)
}
```

Este método Greeting está asociado a la **struct** Person. El "receptor" es la variable p de tipo Person. Para llamar a este método, simplemente utiliza una instancia de Person:

go

```go
p := Person{"Diego", 30}
p.Greeting() // Imprime: Hola, me llamo Diego y tengo 30 años.
```

El método Greeting puede acceder directamente a los campos de Person porque el receptor p es una instancia de esta **struct**. Esto permite crear métodos que manipulan o devuelven valores basados en los datos almacenados en la **struct**.

Métodos con Receptores por Valor y por Referencia

En Go, los métodos pueden tener receptores pasados por valor o por referencia.

- **Receptores por Valor:** El método recibe una copia de la **struct**, por lo que cualquier modificación dentro del método no afecta a la **struct** original.
- **Receptores por Referencia:** El método recibe un puntero a la **struct**, lo que permite modificar la **struct** original.

Ejemplo de un método con receptor pasado por valor:

go

```go
func (p Person) Birthday() {
    p.Age++
}
```

Cuando se llama a este método, la edad de la persona solo se incrementará en la copia, no en la **struct** original:

go

```go
p := Person{"Diego", 30}
p.Birthday()
fmt.Println(p.Age) // Imprime: 30
```

Para que el método modifique el valor original, debe recibir un puntero a la **struct**:

go

```go
func (p *Person) Birthday() {
    p.Age++
}
```

Ahora, al llamar al método, la edad de la persona se incrementará en el objeto original:

go

```go
p := Person{"Diego", 30}
p.Birthday()
fmt.Println(p.Age) // Imprime: 31
```

Composición de Structs y Métodos

En Go, la composición se prefiere sobre la herencia. Esto significa que, en lugar de crear jerarquías de clases como en lenguajes orientados a objetos tradicionales, puedes componer **structs** y métodos para reutilizar funcionalidades.

Aquí hay un ejemplo:

go

```go
type Address struct {
    Street string
    Number int
}

type Person struct {
    Name    string
    Age     int
    Address
}

func (p Person) Greeting() {
    fmt.Printf("Hola, me llamo %s y vivo en %s, número %d.\n",
p.Name, p.Street, p.Number)
}
```

La **struct** Person tiene un campo integrado Address, y el método Greeting puede acceder directamente a los campos de Address.

Funciones que Devuelven Structs

Además de declarar y usar **structs** directamente, las funciones también pueden devolver instancias de **structs**. Esto es útil cuando deseas encapsular la lógica de creación de una **struct** dentro de una función.

Ejemplo de una función que crea y devuelve una instancia de Person:

```go
func NewPerson(name string, age int) Person {
    return Person{
        Name: name,
        Age:  age,
    }
}
```

Structs y JSON

Un uso común de las **structs** en Go es trabajar con datos JSON. Para mapear los campos de una **struct** a sus representaciones en JSON, se utilizan etiquetas (tags).

Ejemplo:

```go
type Person struct {
    Name string `json:"name"`
    Age  int    `json:"age"`
}

func main() {
    p := Person{"Diego", 30}
    jsonData, _ := json.Marshal(p)
    fmt.Println(string(jsonData)) // Imprime:
{"name":"Diego","age":30}
}
```

Las **structs** y los métodos en Go ofrecen una forma poderosa y flexible de organizar datos y comportamientos en tus programas. Su simplicidad permite escribir código fácil de entender y mantener, sin la complejidad de jerarquías tradicionales.

CAPÍTULO 9. INTERFACES Y POLIMORFISMO EN GO

Go adopta un enfoque simple y eficiente para trabajar con interfaces y polimorfismo. En Go, una **interface** es una colección de métodos que especifican un comportamiento. Cualquier tipo que implemente estos métodos se considera una implementación de esa interfaz. Esto significa que en Go, el concepto de interfaz es implícito. A diferencia de otros lenguajes orientados a objetos, no es necesario declarar explícitamente que un tipo implementa una interfaz. Si el tipo define todos los métodos requeridos por la interfaz, automáticamente la implementa.

Interfaces

Una **interface** en Go define un conjunto de métodos. Cualquier tipo que tenga estos métodos puede ser tratado como una instancia de esta interfaz. Las interfaces permiten abstraer comportamientos comunes y facilitan la creación de programas que pueden manipular diferentes tipos de datos de manera uniforme.

Aquí hay un ejemplo simple de una interfaz llamada Animal, que tiene un método Speak:

go

```
type Animal interface {
    Speak() string
}
```

Esta interfaz define que cualquier tipo que implemente el método Speak será considerado un Animal. Ahora podemos crear diferentes tipos de animales, como Dog y Cat, que implementen esta interfaz:

go

```go
type Dog struct{}

func (d Dog) Speak() string {
    return "Woof!"
}

type Cat struct{}

func (c Cat) Speak() string {
    return "Meow!"
}
```

El tipo Dog y el tipo Cat implementan el método Speak. Aunque no declaran explícitamente que implementan la interfaz Animal, Go los considera automáticamente como tipos de Animal porque tienen definido el método Speak.

Podemos escribir una función que acepte cualquier tipo que implemente la interfaz Animal:

go

```go
func makeAnimalSpeak(a Animal) {
    fmt.Println(a.Speak())
}
```

Ahora podemos pasar tanto un Dog como un Cat a esta función, y podrá manejarlos de manera uniforme gracias al polimorfismo:

go

```go
func main() {
    dog := Dog{}
    cat := Cat{}
```

```
    makeAnimalSpeak(dog) // Imprime: Woof!
    makeAnimalSpeak(cat) // Imprime: Meow!
}
```

Este ejemplo demuestra cómo las interfaces en Go permiten tratar diferentes tipos de manera uniforme. El polimorfismo se logra porque la función makeAnimalSpeak puede trabajar con cualquier tipo que implemente la interfaz Animal, independientemente del tipo concreto que se use.

Polimorfismo

El polimorfismo en Go es la capacidad de un programa para manipular diferentes tipos de datos de manera uniforme. Esto se logra mediante el uso de interfaces, que definen un conjunto de comportamientos que pueden compartirse entre diferentes tipos.

En los lenguajes orientados a objetos tradicionales, el polimorfismo a menudo depende de la herencia. En Go, sin embargo, el polimorfismo se logra mediante la implementación de interfaces, sin necesidad de herencia. Esto permite que diferentes tipos implementen el mismo conjunto de comportamientos de maneras únicas, al tiempo que comparten una interfaz común.

Ejemplo de polimorfismo en un sistema de pago:

go

```
type Payment interface {
    Pay(value float64) string
}

type CreditCard struct{}

func (cc CreditCard) Pay(value float64) string {
    return fmt.Sprintf("Pago de $%.2f realizado con Tarjeta de
Crédito", value)
```

```go
}
type Boleto struct{}

func (b Boleto) Pay(value float64) string {
    return fmt.Sprintf("Pago de $%.2f realizado con Boleto",
value)
}
```

En este caso, tenemos una interfaz Payment que define el método Pay. Tanto CreditCard como Boleto implementan esta interfaz, cada uno con su propia versión del método Pay.

Podemos crear una función que acepte cualquier tipo de pago:

go

```go
func processPayment(p Payment, value float64) {
    fmt.Println(p.Pay(value))
}
```

La función puede procesar pagos con diferentes métodos de manera uniforme:

go

```go
func main() {
    card := CreditCard{}
    boleto := Boleto{}

    processPayment(card, 100.0)  // Imprime: Pago de $100.00
realizado con Tarjeta de Crédito
    processPayment(boleto, 150.0) // Imprime: Pago de $150.00
realizado con Boleto
}
```

El polimorfismo es evidente: la función processPayment puede trabajar con ambos tipos de pago sin necesidad de conocer los detalles específicos de cada uno. Esto hace que el código sea más modular y extensible.

Interfaces Implícitas

Una de las características principales de las interfaces en Go es que se implementan de manera implícita. En muchos lenguajes, es necesario declarar explícitamente que una clase implementa una interfaz. En Go, esto no es necesario. Si un tipo tiene los métodos requeridos por una interfaz, automáticamente la implementa.

Por ejemplo, si más adelante queremos agregar un tipo Pix que implemente la interfaz Payment, solo necesitamos definir el método Pay para este nuevo tipo:

go

```go
type Pix struct{}

func (p Pix) Pay(value float64) string {
    return fmt.Sprintf("Pago de $%.2f realizado con Pix", value)
}
```

La función processPayment seguirá funcionando normalmente porque el tipo Pix ahora implementa la interfaz Payment.

Composición de Interfaces

Go permite la composición de interfaces, lo que significa que una interfaz puede componerse de otras interfaces más pequeñas. Esto es útil para crear interfaces más específicas que heredan comportamientos de interfaces más generales.

Por ejemplo, podemos crear una interfaz DocumentoFiscal que combine Payment con otra interfaz GenerateReceipt:

go

```go
type GenerateReceipt interface {
    Receipt() string
}

type DocumentoFiscal interface {
```

```
    Payment
    GenerateReceipt
}
```

Cualquier tipo que implemente tanto Payment como GenerateReceipt será automáticamente considerado un DocumentoFiscal.

Ejemplo:

go

```
type NotaFiscal struct{}
```

```
func (nf NotaFiscal) Pay(value float64) string {
    return fmt.Sprintf("Pago de $%.2f realizado con Nota Fiscal",
value)
}
```

```
func (nf NotaFiscal) Receipt() string {
    return "Recibo generado para Nota Fiscal"
}
```

La NotaFiscal implementa tanto Payment como GenerateReceipt, por lo que también implementa DocumentoFiscal.

Uso de la Interfaz Vacía

Go tiene una interfaz especial llamada interface{} (interfaz vacía). Esta interfaz no tiene métodos, lo que significa que todos los tipos en Go la implementan automáticamente. Esto permite crear funciones que acepten cualquier tipo de valor.

Ejemplo:

go

```
func print(val interface{}) {
    fmt.Println(val)
}
```

```go
func main() {
    print(10)      // Acepta un entero
    print("Hola")   // Acepta una cadena
    print(true)     // Acepta un booleano
}
```

Aunque la interfaz vacía es útil, su uso debe ser limitado. Dado que no hay garantías sobre los métodos disponibles, el código que manipula estos valores a menudo necesita verificar su tipo mediante type assertions o type switches.

Ejemplo con type switch:

go

```go
func checkType(val interface{}) {
    switch v := val.(type) {
    case int:
        fmt.Println("Entero:", v)
    case string:
        fmt.Println("Cadena:", v)
    default:
        fmt.Println("Otro tipo")
    }
}
```

Las interfaces y el polimorfismo en Go son herramientas poderosas que permiten crear código flexible, extensible y modular. Las interfaces simplifican la definición de comportamientos comunes que pueden compartirse entre diferentes tipos, mientras que el polimorfismo permite tratar estos tipos de manera uniforme. La implementación implícita de interfaces hace que el código sea más conciso y elimina la necesidad de herencia, haciendo de Go un lenguaje efectivo para desarrollar sistemas robustos y escalables.

CAPÍTULO 10. MANIPULACIÓN DE ARCHIVOS

La manipulación de archivos es una tarea esencial en muchos programas. En Go, el paquete os proporciona las funcionalidades básicas para abrir, leer, escribir y manipular archivos en el sistema. Además, el paquete io/ioutil facilita la lectura y escritura simplificada de archivos pequeños.

Abrir y Crear Archivos

El primer paso para manipular un archivo es abrirlo o crearlo en el disco. Para ello, el paquete os ofrece la función os.Open para abrir un archivo existente y la función os.Create para crear un nuevo archivo o sobrescribir uno existente.

Para abrir un archivo, usamos os.Open, que devuelve un puntero al archivo y un error si ocurre algún problema:

go

```go
file, err := os.Open("file.txt")
if err != nil {
    log.Fatal(err)
}
defer file.Close()
```

La función defer file.Close() garantiza que el archivo se cerrará correctamente después de su uso, evitando fugas de recursos. Si el archivo no existe o ocurre otro error durante la apertura, os.Open devuelve un error que se puede manejar.

Para crear un nuevo archivo o sobrescribir uno existente, usamos os.Create:

go

```
file, err := os.Create("new_file.txt")
if err != nil {
    log.Fatal(err)
}
defer file.Close()
```

Al usar os.Create, el archivo se crea si no existe y, si ya existe, se sobrescribe.

Escritura en Archivos

Para escribir datos en un archivo, puedes usar el método Write o WriteString, disponibles en objetos de tipo os.File. El método Write escribe bytes directamente en el archivo, mientras que WriteString es más conveniente para cadenas de texto.

Ejemplo de cómo escribir texto en un archivo usando WriteString:

go

```
file, err := os.Create("texto.txt")
if err != nil {
    log.Fatal(err)
}
defer file.Close()

_, err = file.WriteString("Este es el contenido del archivo.\n")
if err != nil {
    log.Fatal(err)
}
```

También puedes usar el método Write para escribir una secuencia de bytes:

go

```
content := []byte("Contenido en bytes\n")
```

```go
_, err = file.Write(content)
if err != nil {
    log.Fatal(err)
}
```

Ambos métodos son válidos y la elección entre ellos depende del tipo de datos que desees escribir en el archivo.

Lectura de Archivos

La lectura de archivos en Go se puede realizar de varias maneras, dependiendo del tamaño del archivo y del tipo de datos que se desean leer. Si el archivo es pequeño y deseas leer su contenido de una vez, el paquete io/ioutil ofrece una forma sencilla de hacerlo con la función ioutil.ReadFile.

Ejemplo de cómo leer el contenido de un archivo pequeño:

go

```go
content, err := ioutil.ReadFile("texto.txt")
if err != nil {
    log.Fatal(err)
}
fmt.Println(string(content))
```

Para archivos más grandes o situaciones en las que la lectura de datos debe hacerse en partes, es preferible usar el método Read del objeto os.File. Este método permite leer bloques de datos en buffers:

go

```go
file, err := os.Open("texto.txt")
if err != nil {
    log.Fatal(err)
}
defer file.Close()

buffer := make([]byte, 100)
```

```
for {
    n, err := file.Read(buffer)
    if err == io.EOF {
        break
    }
    if err != nil {
        log.Fatal(err)
    }
    fmt.Print(string(buffer[:n]))
}
```

El código anterior lee el archivo en bloques de 100 bytes y muestra los datos leídos hasta alcanzar el final del archivo, indicado por el error io.EOF.

Escritura en Archivos con Append

Si el objetivo es añadir contenido a un archivo existente en lugar de sobrescribirlo, es necesario abrir el archivo en modo de anexado. Esto se realiza usando la función os.OpenFile, que permite especificar los modos de apertura, como lectura, escritura y anexado:

go

```
file, err := os.OpenFile("texto.txt", os.O_APPEND|os.O_WRONLY,
0644)
if err != nil {
    log.Fatal(err)
}
defer file.Close()

_, err = file.WriteString("Nuevo contenido añadido.\n")
if err != nil {
    log.Fatal(err)
}
```

En este ejemplo, el archivo se abre con la bandera os.O_APPEND, lo que significa que los nuevos datos se agregarán al final del archivo sin sobrescribir el contenido existente.

Manipulación de Archivos con Buffers

En muchas situaciones, usar buffers es preferible para mejorar el rendimiento al trabajar con grandes volúmenes de datos. El paquete bufio ofrece funciones para la manipulación eficiente de buffers al leer y escribir archivos.

Ejemplo de lectura de un archivo línea por línea usando bufio.Reader:

go

```go
file, err := os.Open("texto.txt")
if err != nil {
    log.Fatal(err)
}
defer file.Close()

reader := bufio.NewReader(file)
for {
    line, err := reader.ReadString('\n')
    if err == io.EOF {
        break
    }
    if err != nil {
        log.Fatal(err)
    }
    fmt.Print(line)
}
```

Para escribir en un archivo usando buffers, se puede usar bufio.Writer:

go

```go
file, err := os.Create("salida.txt")
if err != nil {
```

```
    log.Fatal(err)
}
defer file.Close()

writer := bufio.NewWriter(file)
_, err = writer.WriteString("Escribiendo con buffer.\n")
if err != nil {
    log.Fatal(err)
}
writer.Flush()
```

Eliminación de Archivos

Para eliminar archivos, el paquete os proporciona la función os.Remove:

go

```
err := os.Remove("archivo_a_eliminar.txt")
if err != nil {
    log.Fatal(err)
}
```

Renombrar y Mover Archivos

Renombrar o mover archivos es posible con la función os.Rename:

go

```
err := os.Rename("archivo_viejo.txt", "archivo_nuevo.txt")
if err != nil {
    log.Fatal(err)
}
```

Manipulación de Directorios

El paquete os también ofrece funciones para manipular directorios. La función os.Mkdir crea un nuevo directorio:

go

```go
err := os.Mkdir("nuevo_directorio", 0755)
if err != nil {
    log.Fatal(err)
}
```

Para eliminar un directorio vacío, puedes usar os.Remove. Si el directorio contiene archivos, utiliza os.RemoveAll:

go

```go
err := os.RemoveAll("directorio_con_archivos")
if err != nil {
    log.Fatal(err)
}
```

Lectura de Directorios

Para listar los archivos y directorios dentro de un directorio, el paquete os ofrece la función os.ReadDir:

go

```go
files, err := os.ReadDir(".")
if err != nil {
    log.Fatal(err)
}

for _, file := range files {
    fmt.Println(file.Name())
}
```

La manipulación de archivos en Go es directa y flexible. Con el paquete os y el soporte adicional de los paquetes io/ioutil y bufio, puedes realizar operaciones de lectura, escritura y manipulación de archivos de manera eficiente.

CAPÍTULO 11. PROGRAMACIÓN CONCURRENTE: INTRODUCCIÓN

La programación concurrente es una de las características más potentes del lenguaje Go. Desde su inicio, Go fue diseñado con la concurrencia en mente, permitiendo a los desarrolladores crear programas capaces de realizar múltiples tareas al mismo tiempo de manera simple y eficiente. La concurrencia se diferencia del paralelismo en que la concurrencia se centra en estructurar el código para manejar múltiples tareas simultáneamente, mientras que el paralelismo implica la ejecución de estas tareas en múltiples núcleos del procesador.

La herramienta principal para implementar concurrencia en Go es la **goroutine**. Las goroutines son funciones que pueden ejecutarse de forma asíncrona, sin bloquear el flujo principal del programa. Son extremadamente ligeras, lo que significa que se pueden ejecutar miles de goroutines al mismo tiempo con un impacto mínimo en el rendimiento.

Goroutines

Las goroutines son funciones o métodos que se ejecutan concurrentemente con otras funciones en el mismo programa. Para iniciar una goroutine, simplemente se usa la palabra clave go antes de la llamada a la función. Esto instruye a Go a ejecutar la función de forma asíncrona.

Ejemplo simple:

go

```
func greeting() {
    fmt.Println("¡Hola!")
```

```
}
func main() {
    go greeting() // Ejecuta greeting como una goroutine
    fmt.Println("Ejecutando la función principal")
}
```

En este caso, la función greeting se ejecutará como una goroutine. La ejecución del programa no se bloqueará mientras se ejecuta esta función; en su lugar, el flujo principal continuará corriendo e imprimirá "Ejecutando la función principal".

Es importante tener en cuenta que, dado que las goroutines se ejecutan de forma asíncrona, el programa podría terminar antes de que la goroutine tenga la oportunidad de completar su ejecución. Para garantizar que todas las goroutines finalicen antes de la terminación del programa, se deben usar mecanismos de sincronización como **channels** o el paquete sync.

Channels

Los **channels** son la forma principal de comunicación entre goroutines en Go. Permiten que las goroutines compartan datos de manera segura y eficiente, evitando la necesidad de variables globales o mecanismos de bloqueo complejos como los mutex.

Ejemplo de creación y uso de un channel:

go

```
func sendMessage(channel chan string) {
    channel <- "Mensaje enviado desde la goroutine"
}
func main() {
    channel := make(chan string) // Crea un canal de tipo string

    go sendMessage(channel)

    message := <-channel // Recibe el mensaje del canal
```

```
    fmt.Println(message)
}
```

En el ejemplo, se crea un canal de tipo string usando make(chan string). La función sendMessage envía un mensaje al canal con channel <- "Mensaje enviado desde la goroutine". En la función main, el mensaje se recibe del canal con message := <-channel.

Los **channels** aseguran que las goroutines puedan comunicarse de forma sincrónica. En este ejemplo, la función main espera hasta que se envíe un mensaje al canal antes de continuar, asegurando que la goroutine tenga la oportunidad de completar su tarea.

Channels con Buffer

Los canales en Go pueden ser con buffer o sin buffer. Un canal con buffer permite enviar múltiples valores al canal antes de que alguien los lea. Esto puede mejorar el rendimiento y evitar que la goroutine que envía los datos se bloquee esperando a que otra goroutine lea esos datos.

Ejemplo de un canal con buffer:

go

```
func main() {
    channel := make(chan int, 2) // Canal con buffer de 2

    channel <- 1
    channel <- 2

    fmt.Println(<-channel) // Lee el primer valor
    fmt.Println(<-channel) // Lee el segundo valor
}
```

En este ejemplo, el canal puede almacenar hasta dos valores antes de requerir que alguien los lea. Esto permite que la goroutine que envía los datos continúe su trabajo, incluso si no hay una goroutine leyendo los datos de inmediato.

Select

El **select** es una construcción poderosa en Go que permite esperar operaciones en múltiples canales al mismo tiempo. Elige qué canal está listo para enviar o recibir datos y ejecuta el caso correspondiente. Si varios canales están listos, el **select** elige uno al azar.

Ejemplo de uso de **select**:

```go
func sendToChannel1(channel chan string) {
    channel <- "Mensaje desde el canal 1"
}

func sendToChannel2(channel chan string) {
    channel <- "Mensaje desde el canal 2"
}

func main() {
    channel1 := make(chan string)
    channel2 := make(chan string)

    go sendToChannel1(channel1)
    go sendToChannel2(channel2)

    select {
    case message := <-channel1:
        fmt.Println(message)
    case message := <-channel2:
        fmt.Println(message)
    }
}
```

El **select** espera mensajes de dos canales y imprime el mensaje del canal que esté listo primero.

Concurrencia vs. Paralelismo

La concurrencia y el paralelismo son conceptos relacionados pero distintos. La concurrencia se refiere a la capacidad de un programa para manejar múltiples tareas simultáneamente, mientras que el paralelismo implica ejecutar estas tareas en diferentes núcleos del procesador al mismo tiempo.

Go facilita la concurrencia con goroutines, y el paralelismo es posible cuando el programa se ejecuta en sistemas multinúcleo. Es posible controlar cuántas goroutines se ejecutarán simultáneamente en múltiples núcleos con la función runtime.GOMAXPROCS:

```go
import (
    "fmt"
    "runtime"
)
func main() {
    fmt.Println("Número de núcleos:", runtime.NumCPU())
    runtime.GOMAXPROCS(2) // Limita el uso a 2 núcleos
}
```

Sincronización con WaitGroup

El paquete sync ofrece herramientas para sincronizar goroutines. Una de ellas es sync.WaitGroup, que permite esperar a que un grupo de goroutines termine antes de continuar con la ejecución del programa.

Ejemplo:

```go
import (
    "fmt"
    "sync"
)
```

```go
func greeting(name string, wg *sync.WaitGroup) {
    defer wg.Done() // Marca la goroutine como completada
    fmt.Println("¡Hola,", name, "!")
}

func main() {
    var wg sync.WaitGroup

    names := []string{"Diego", "María", "Lucas"}

    for _, name := range names {
        wg.Add(1) // Incrementa el contador de goroutines
        go greeting(name, &wg)
    }

    wg.Wait() // Espera a que todas las goroutines terminen
}
```

Mutex

En algunos casos, es necesario proteger el acceso a una variable compartida entre múltiples goroutines. Para esto, el paquete sync ofrece el **Mutex**, un mecanismo de exclusión mutua que garantiza que solo una goroutine pueda acceder a una variable a la vez.

Ejemplo:

```go
go

import (
    "fmt"
    "sync"
)

var counter int
var mutex sync.Mutex

func increment(wg *sync.WaitGroup) {
    defer wg.Done()
```

```
    mutex.Lock()  // Bloquea el acceso a la variable
    counter++
    mutex.Unlock() // Libera el acceso a la variable
}

func main() {
    var wg sync.WaitGroup

    for i := 0; i < 1000; i++ {
        wg.Add(1)
        go increment(&wg)
    }

    wg.Wait()
    fmt.Println("Contador final:", counter)
}
```

La programación concurrente en Go es una de las características más poderosas y eficientes del lenguaje. Las goroutines, los canales y las herramientas de sincronización proporcionadas por el paquete sync ofrecen una manera simple y efectiva de manejar múltiples tareas simultáneamente.

CAPÍTULO 12. GOROUTINES: COMPETENCIA LIGERA

Las **goroutines** son una de las herramientas más importantes y potentes del lenguaje Go. Permiten la ejecución simultánea de múltiples funciones o métodos, proporcionando concurrencia ligera y eficiente. A diferencia de los hilos tradicionales en otros lenguajes, las goroutines son extremadamente ligeras en términos de consumo de recursos, lo que significa que se pueden crear miles de goroutines sin sobrecargar el sistema.

¿Qué son las Goroutines?

Las goroutines son funciones que se ejecutan de manera independiente y concurrente. Son similares a los hilos, pero son gestionadas automáticamente por el runtime de Go, lo que las hace más eficientes. En lugar de crear un nuevo hilo para cada goroutine, Go utiliza un modelo de ejecución cooperativo, donde el runtime programa las goroutines para ejecutarse en un conjunto de hilos, optimizando el uso de los recursos del sistema.

La sintaxis para crear una goroutine es muy sencilla. Solo necesitas agregar la palabra clave go antes de llamar a una función, y esta se ejecutará de manera concurrente con el resto del código.

Ejemplo básico:

```
go

func saludo() {
    fmt.Println("¡Hola, mundo!")
}
```

```
func main() {
    go saludo()
    fmt.Println("Función principal")
}
```

En este ejemplo, la función saludo se ejecutará como una goroutine. Esto significa que la función main continuará su ejecución sin esperar a que saludo termine. Como resultado, ambos mensajes pueden aparecer en cualquier orden, ya que se están ejecutando de manera concurrente.

Competencia Ligera

Las goroutines se denominan competencia ligera porque son mucho más eficientes que los hilos del sistema operativo. Mientras que un hilo tradicional puede consumir una cantidad significativa de memoria y otros recursos del sistema, una goroutine consume solo unos pocos kilobytes de memoria. Esto permite crear y ejecutar miles o incluso millones de goroutines simultáneamente sin afectar significativamente el rendimiento.

El runtime de Go administra automáticamente la programación de las goroutines, distribuyendo la carga de trabajo entre los núcleos disponibles. Esta gestión se realiza de forma cooperativa, es decir, las goroutines ceden voluntariamente el control de la ejecución, permitiendo que otras goroutines se ejecuten. Este modelo de ejecución es más eficiente que usar hilos directamente.

Ejecutando Funciones Concurrentemente

Una de las principales ventajas de usar goroutines es la capacidad de ejecutar funciones de manera asíncrona, sin bloquear el flujo principal del programa. Por ejemplo, considera una situación en la que deseas realizar dos tareas simultáneamente, como realizar una búsqueda en una base de datos y procesar una solicitud de red.

Ejemplo:

go

```
func buscarDatos() {
    fmt.Println("Buscando datos...")
    time.Sleep(2 * time.Second) // Simula una búsqueda larga
    fmt.Println("¡Datos encontrados!")
}

func procesarSolicitud() {
    fmt.Println("Procesando solicitud...")
    time.Sleep(1 * time.Second) // Simula el procesamiento
    fmt.Println("¡Solicitud procesada!")
}

func main() {
    go buscarDatos()
    go procesarSolicitud()

    time.Sleep(3 * time.Second) // Da tiempo para que ambas
goroutines terminen
}
```

En este caso, buscarDatos y procesarSolicitud se ejecutan simultáneamente. La función main continúa corriendo mientras estas goroutines se ejecutan en segundo plano. Para asegurarte de que el programa no termine antes de que ambas tareas hayan finalizado, usamos time.Sleep en la función main para simular una espera. Sin embargo, esta no es una solución ideal, y se cubrirán mejores prácticas para la sincronización más adelante.

Sincronización de Goroutines

Aunque las goroutines permiten que las tareas se ejecuten simultáneamente, a menudo es necesario coordinar la ejecución para garantizar que todas las tareas se completen antes de continuar. Una de las formas más simples de hacerlo en Go es usando sync.WaitGroup.

Ejemplo:

go

```go
import (
    "fmt"
    "sync"
    "time"
)

func saludo(nombre string, wg *sync.WaitGroup) {
    defer wg.Done() // Indica que la goroutine ha terminado
    fmt.Printf("¡Hola, %s!\n", nombre)
    time.Sleep(1 * time.Second)
}

func main() {
    var wg sync.WaitGroup

    nombres := []string{"Diego", "María", "Juan"}

    for _, nombre := range nombres {
        wg.Add(1) // Incrementa el contador de goroutines
        go saludo(nombre, &wg)
    }

    wg.Wait() // Espera a que todas las goroutines terminen
    fmt.Println("Todas las goroutines han terminado.")
}
```

En este ejemplo, usamos sync.WaitGroup para esperar a que todas las goroutines de saludo terminen antes de continuar con la ejecución del código.

Comunicación entre Goroutines con Canales

Para que las goroutines puedan intercambiar información entre sí, Go ofrece **canales**. Los canales son una forma segura de comunicación entre goroutines, permitiendo el envío y recepción de datos de manera síncrona.

Ejemplo:

go

```go
func enviarMensaje(canal chan string) {
    time.Sleep(2 * time.Second) // Simula un trabajo
    canal <- "Mensaje enviado desde la goroutine"
}

func main() {
    canal := make(chan string)

    go enviarMensaje(canal)

    mensaje := <-canal // Espera recibir el mensaje del canal
    fmt.Println(mensaje)
}
```

La función enviarMensaje envía un mensaje al canal después de una espera de dos segundos. La función main espera para recibir el mensaje del canal con mensaje := <-canal.

Cuando varias goroutines necesitan acceder y modificar datos compartidos, es necesario garantizar que el acceso se realice de manera segura. De lo contrario, pueden ocurrir condiciones de carrera, donde el resultado final puede variar dependiendo del orden de ejecución de las goroutines.

Ejemplo:

go

```go
import (
    "fmt"
    "sync"
)

var contador int
var mutex sync.Mutex
```

```go
func incrementar(wg *sync.WaitGroup) {
    defer wg.Done()
    mutex.Lock()  // Bloquea el acceso al contador
    contador++
    mutex.Unlock() // Libera el acceso al contador
}

func main() {
    var wg sync.WaitGroup

    for i := 0; i < 1000; i++ {
        wg.Add(1)
        go incrementar(&wg)
    }

    wg.Wait()
    fmt.Println("Contador final:", contador)
}
```

El uso de mutex.Lock() asegura que el acceso a contador se realice de manera segura, evitando que dos goroutines modifiquen la variable al mismo tiempo.

Aplicaciones de las Goroutines

Las goroutines se pueden usar para resolver muchos problemas donde se desea una ejecución concurrente. Son ideales para operaciones de entrada y salida asíncronas, como lectura y escritura de archivos, conexiones de red o procesamiento de datos en paralelo.

Usar goroutines mejora la eficiencia y el rendimiento de las aplicaciones que necesitan manejar muchas tareas simultáneamente, sin los altos costos asociados con los hilos tradicionales.

CAPÍTULO 13. CANALES: COMUNICACIÓN ENTRE GOROUTINES

Los canales son una de las herramientas más poderosas en Go para la comunicación y sincronización entre goroutines. Permiten intercambiar datos de forma segura y eficiente, sin necesidad de variables globales ni mecanismos de bloqueo como mutexes. Con los canales, las goroutines pueden enviar y recibir información de manera sincronizada, asegurando que una goroutine pueda proporcionar datos a otra de manera controlada. Usar canales simplifica el desarrollo de programas concurrentes y reduce los errores.

¿Qué son los Canales?

Los canales son conductos que permiten que los datos fluyan entre goroutines. Se declaran con la función make y especifican el tipo de datos que pueden transportar. Una vez creado, un canal puede ser utilizado para enviar o recibir datos de ese tipo.

La sintaxis básica para crear un canal es:

go

```
canal := make(chan tipoDeDato)
```

Por ejemplo, para crear un canal que transporte enteros:

go

```
canal := make(chan int)
```

Este canal puede ser utilizado para enviar y recibir enteros entre distintas goroutines.

Enviar y Recibir Datos

Una vez creado un canal, se puede utilizar para enviar y recibir datos. El operador <- se usa tanto para enviar como para recibir datos en un canal. El envío de datos a través del canal bloquea la goroutine emisora hasta que otra goroutine esté lista para recibirlos, y viceversa.

Ejemplo básico de envío y recepción de datos entre dos goroutines:

go

```go
func enviarDatos(canal chan int) {
    canal <- 42 // Envía el valor 42 al canal
}

func main() {
    canal := make(chan int)

    go enviarDatos(canal)

    valor := <-canal // Recibe el valor del canal
    fmt.Println("Valor recibido:", valor)
}
```

En este caso, la función enviarDatos envía el valor 42 al canal. La función main espera hasta que el valor sea enviado y luego lo recibe. El canal sincroniza ambas goroutines, asegurando que la lectura y la escritura sucedan de manera ordenada.

Cuando una goroutine envía un valor al canal, esta se bloquea hasta que otra goroutine esté lista para leer el valor. De manera similar, la goroutine que espera leer un valor del canal se bloquea hasta que los datos estén disponibles. Esto asegura que los datos se transmitan de manera segura y sincronizada.

Comunicación Bidireccional

Los canales, por defecto, son bidireccionales, lo que significa que pueden usarse tanto para enviar como para recibir datos. Sin embargo, es posible restringir el uso de un canal haciéndolo unidireccional, es decir, permitiendo únicamente el envío o la recepción de datos.

Por ejemplo, para crear una función que solo pueda enviar datos al canal, el canal puede ser declarado como canal de envío:

go

```go
func enviarDatos(canal chan<- int) {
    canal <- 42
}
```

De manera similar, para una función que solo pueda recibir datos de un canal, este puede declararse como canal de recepción:

go

```go
func recibirDatos(canal <-chan int) {
    valor := <-canal
    fmt.Println("Valor recibido:", valor)
}
```

Estas restricciones pueden ser útiles para garantizar que ciertas funciones solo realicen tareas específicas, como enviar o recibir datos, ayudando a prevenir errores en programas concurrentes complejos.

Canales con Búfer

Por defecto, los canales en Go no tienen búfer, lo que significa que el envío de datos bloquea la goroutine emisora hasta que otra goroutine esté lista para recibirlos. Sin embargo, es posible crear canales con búfer, que permiten almacenar múltiples valores en el canal antes de que una goroutine necesite leerlos.

Los canales con búfer se crean especificando el tamaño del búfer al momento de la creación del canal:

go

```
canal := make(chan int, 2) // Canal con búfer para 2 valores
```

Ejemplo de uso de un canal con búfer:

go

```
func main() {
    canal := make(chan int, 2) // Canal con capacidad para 2
valores

    canal <- 1
    canal <- 2

    fmt.Println(<-canal) // Lee el primer valor
    fmt.Println(<-canal) // Lee el segundo valor
}
```

Aquí, los dos valores se envían al canal sin bloquear la goroutine, ya que el canal tiene suficiente capacidad para almacenarlos. La lectura de los valores ocurre después, de manera sincronizada.

Si el búfer del canal está lleno, la goroutine que intente enviar datos se bloqueará hasta que haya espacio disponible en el canal. De manera similar, si el búfer está vacío, una goroutine que intente leer del canal se bloqueará hasta que se envíen nuevos datos.

Select: Multiplexación de Canales

En muchas situaciones, puede ser necesario esperar datos de varios canales al mismo tiempo. Go ofrece una construcción llamada select, que permite esperar hasta que uno de varios canales esté listo para enviar o recibir datos.

Ejemplo de uso de select para esperar datos de dos canales diferentes:

go

```go
func enviarAlCanal1(canal chan string) {
    canal <- "Mensaje del canal 1"
}

func enviarAlCanal2(canal chan string) {
    canal <- "Mensaje del canal 2"
}

func main() {
    canal1 := make(chan string)
    canal2 := make(chan string)

    go enviarAlCanal1(canal1)
    go enviarAlCanal2(canal2)

    select {
    case mensaje := <-canal1:
        fmt.Println(mensaje)
    case mensaje := <-canal2:
        fmt.Println(mensaje)
    }
}
```

El select espera mensajes de canal1 y canal2. Tan pronto como una de las goroutines envíe un mensaje, el select ejecuta el caso correspondiente. Si ambos canales están listos al mismo tiempo, el select elige uno de manera aleatoria.

Cierre de Canales

Cuando una goroutine termina de enviar datos a través de un canal, es importante cerrarlo para indicar que no se enviarán más valores. El cierre de un canal se realiza con la función close.

Ejemplo de cómo cerrar un canal:

go

```go
func enviarDatos(canal chan int) {
    for i := 0; i < 5; i++ {
```

```
      canal <- i
   }
   close(canal) // Cierra el canal después de enviar todos los
datos
}

func main() {
   canal := make(chan int)

   go enviarDatos(canal)

   for valor := range canal {
      fmt.Println("Valor recibido:", valor)
   }
}
```

En este ejemplo, la función enviarDatos envía una serie de valores al canal y luego lo cierra. La función main utiliza un bucle range para recibir los valores del canal hasta que se cierre.

Intentar enviar datos a un canal cerrado genera un error. Sin embargo, leer de un canal cerrado no causa problemas. Cuando el canal está vacío y cerrado, devuelve el valor cero del tipo del canal.

Aplicaciones Prácticas de Canales

Los canales se utilizan ampliamente en Go para la sincronización y comunicación en sistemas concurrentes. Son especialmente útiles en servidores que manejan múltiples conexiones simultáneas, canalizaciones de procesamiento de datos y sistemas distribuidos que necesitan intercambiar información entre diferentes componentes.

Mediante el uso de canales, puedes coordinar tareas complejas de manera segura y eficiente, sin la necesidad de mecanismos explícitos de control de concurrencia.

CAPÍTULO 14. SELECT: CONTROLANDO MÚLTIPLES GOROUTINES

La instrucción select en Go es una herramienta poderosa que permite gestionar múltiples goroutines de manera eficiente y segura. Funciona como un "switch" para canales, permitiendo que el programa espere operaciones en múltiples canales y elija cuál está listo para ejecutarse. Esto es extremadamente útil para controlar la comunicación entre goroutines y coordinar la ejecución de tareas concurrentes.

Funcionamiento Básico de select

La sintaxis de select es bastante similar a la de switch, pero en lugar de evaluar expresiones, trabaja con canales. Cada caso en un select verifica si un canal está listo para enviar o recibir datos. Una vez que un canal está listo, el select ejecuta el bloque de código correspondiente. Si más de un canal está listo al mismo tiempo, el select elige uno de los casos al azar.

Aquí tienes un ejemplo básico de cómo usar select para recibir datos de dos canales diferentes:

go

```
func enviarAlCanal1(canal chan string) {
    canal <- "Mensaje del canal 1"
}

func enviarAlCanal2(canal chan string) {
    canal <- "Mensaje del canal 2"
}
```

```go
func main() {
    canal1 := make(chan string)
    canal2 := make(chan string)

    go enviarAlCanal1(canal1)
    go enviarAlCanal2(canal2)

    select {
    case mensaje := <-canal1:
        fmt.Println("Recibido:", mensaje)
    case mensaje := <-canal2:
        fmt.Println("Recibido:", mensaje)
    }
}
```

El select espera hasta que una de las dos goroutines envíe un mensaje a canal1 o canal2. Tan pronto como se reciba un mensaje, se ejecutará el caso correspondiente. Ejecutar múltiples goroutines y controlar los datos que pasan entre ellas se simplifica con el uso de select, ya que garantiza que el código solo se ejecutará cuando los canales estén listos.

Empate en los Casos de select

Si dos o más canales están listos al mismo tiempo, el select elige de manera aleatoria cuál se ejecutará. Esto asegura que el programa no priorice un canal sobre otro en situaciones de empate. Este comportamiento hace que select sea una herramienta útil para equilibrar la carga de trabajo entre diferentes goroutines, especialmente en sistemas que procesan múltiples solicitudes simultáneamente.

Ejemplo de cómo el select maneja un empate:

go

```go
func enviarMensaje(canal chan string, mensaje string) {
    canal <- mensaje
}
```

```go
func main() {
    canal1 := make(chan string)
    canal2 := make(chan string)

    go enviarMensaje(canal1, "Canal 1 listo")
    go enviarMensaje(canal2, "Canal 2 listo")

    select {
    case mensaje := <-canal1:
        fmt.Println(mensaje)
    case mensaje := <-canal2:
        fmt.Println(mensaje)
    }
}
```

Dado que las goroutines enviarMensaje se inician al mismo tiempo, ambas pueden estar listas para enviar mensajes. El select elegirá al azar entre los dos canales listos y mostrará el mensaje de uno de ellos.

Usando select con Timeouts

Una aplicación práctica de select es la implementación de tiempos de espera (timeouts), es decir, especificar un tiempo límite para esperar que se complete una operación en un canal. Si se supera el tiempo límite, el programa puede tomar una acción alternativa o cancelar la operación.

Go ofrece la función time.After, que devuelve un canal que envía una señal después del tiempo especificado. Esto puede usarse con select para crear fácilmente tiempos de espera.

Ejemplo de uso de select con un timeout:

```go
func enviarDatos(canal chan string) {
    time.Sleep(2 * time.Second) // Simula un retraso en la
operación
```

```go
    canal <- "Datos enviados"
}
func main() {
    canal := make(chan string)

    go enviarDatos(canal)

    select {
    case mensaje := <-canal:
        fmt.Println(mensaje)
    case <-time.After(1 * time.Second):
        fmt.Println("Timeout: la operación tardó demasiado")
    }
}
```

La función enviarDatos simula un retraso de 2 segundos antes de enviar un mensaje al canal. Sin embargo, el select tiene un tiempo de espera de 1 segundo, implementado con time.After. Si se alcanza el tiempo de espera antes de que la goroutine enviarDatos termine, se mostrará el mensaje "Timeout: la operación tardó demasiado".

select con default: Evitando Bloqueos

En Go, los canales son bloqueantes por defecto, es decir, una goroutine que envía o recibe datos de un canal se bloquea hasta que otra goroutine esté lista para completar la operación. El select puede usarse junto con la cláusula default para evitar bloqueos. Cuando el select encuentra el caso default, lo ejecuta si ningún canal está listo para ser leído o escrito, permitiendo que el código continúe ejecutándose sin interrupciones.

Ejemplo de uso de select con default:

go

```go
func main() {
    canal := make(chan string)
```

```
select {
case mensaje := <-canal:
    fmt.Println("Recibido:", mensaje)
default:
    fmt.Println("No hay mensajes disponibles")
  }
}
```

En este ejemplo, el select intenta leer un mensaje del canal. Sin embargo, como el canal está vacío, se ejecuta el caso default y se muestra el mensaje "No hay mensajes disponibles". Esto permite que el código continúe ejecutándose sin quedarse bloqueado esperando datos en el canal.

Ejemplo de Uso con Múltiples Goroutines

El select es particularmente útil en programas que involucran la ejecución de múltiples goroutines simultáneas, como servidores web que procesan múltiples conexiones de clientes al mismo tiempo. En este contexto, el select permite al servidor procesar solicitudes de diferentes clientes sin bloquear la ejecución de otras solicitudes.

Ejemplo práctico que simula el procesamiento de múltiples solicitudes:

```go
func procesarSolicitud(cliente int, canal chan string) {
    time.Sleep(time.Duration(cliente) * time.Second)
    mensaje := fmt.Sprintf("Respuesta para el cliente %d",
cliente)
    canal <- mensaje
}

func main() {
    canal := make(chan string)

    for i := 1; i <= 3; i++ {
```

```
      go procesarSolicitud(i, canal)
   }

   for i := 1; i <= 3; i++ {
      select {
      case respuesta := <-canal:
         fmt.Println(respuesta)
      case <-time.After(2 * time.Second):
         fmt.Println("Timeout: el cliente tardó demasiado")
      }
   }
}
```

En este caso, tres goroutines simulan el procesamiento de solicitudes de clientes. Cada cliente tiene un tiempo de respuesta diferente, y el select espera respuestas en el canal. Si un cliente tarda más de 2 segundos en responder, se activa el tiempo de espera y se muestra el mensaje "Timeout: el cliente tardó demasiado". El select aquí permite gestionar el tiempo de espera de cada solicitud de manera eficiente y sin bloquear el procesamiento de otras.

Aplicaciones Prácticas de select

El select se utiliza ampliamente en sistemas distribuidos, servidores de alta disponibilidad y aplicaciones en tiempo real. Permite que el programa espere múltiples entradas concurrentes sin bloquear otras operaciones. Al combinar el select con canales, puedes crear sistemas eficientes y altamente concurrentes que manejan tareas asincrónicas de manera controlada.

CAPÍTULO 15. MUTEX Y SINCRONIZACIÓN EN GO

En programas concurrentes, donde múltiples goroutines comparten y modifican los mismos datos, es crucial garantizar que estas operaciones sean seguras y estén libres de condiciones de carrera. Una condición de carrera ocurre cuando dos o más goroutines intentan acceder o modificar la misma variable al mismo tiempo, lo que resulta en un comportamiento impredecible. Para evitar estos problemas, Go ofrece el sync.Mutex, una herramienta que garantiza la exclusión mutua, es decir, que solo una goroutine puede acceder a un recurso compartido a la vez.

¿Qué es Mutex?

El término "mutex" proviene de "mutual exclusion" (exclusión mutua), y un Mutex es un bloqueo que asegura que solo una goroutine puede acceder a una determinada sección crítica del código a la vez. Una sección crítica es una parte del código donde se accede o modifica datos compartidos. Al usar un Mutex, se evita que múltiples goroutines modifiquen los mismos datos simultáneamente, eliminando las condiciones de carrera.

La estructura sync.Mutex en Go ofrece dos métodos principales: Lock() y Unlock(). Cuando una goroutine llama a Lock(), obtiene control exclusivo sobre el recurso protegido por el Mutex. Otras goroutines que intenten acceder al mismo recurso serán bloqueadas hasta que la goroutine que posee el bloqueo llame a Unlock(), liberando el recurso.

Aquí tienes un ejemplo básico de cómo usar un Mutex para proteger una variable compartida:

```go
import (
    "fmt"
    "sync"
)

var contador int
var mutex sync.Mutex

func incrementar(wg *sync.WaitGroup) {
    defer wg.Done()

    mutex.Lock() // Bloquea el acceso a la variable compartida
    contador++
    mutex.Unlock() // Libera el acceso después de la operación
}

func main() {
    var wg sync.WaitGroup

    for i := 0; i < 1000; i++ {
        wg.Add(1)
        go incrementar(&wg)
    }

    wg.Wait()
    fmt.Println("Valor final del contador:", contador)
}
```

En este caso, la función incrementar incrementa la variable contador en 1000 goroutines diferentes. Sin el Mutex, esto causaría una condición de carrera, y el valor final de contador sería impredecible. Al usar mutex.Lock() y mutex.Unlock(), garantizamos que solo una goroutine a la vez pueda acceder y modificar el valor de contador, lo que resulta en un comportamiento consistente y seguro.

Entendiendo el Bloqueo con Mutex

Cuando una goroutine llama al método Lock() de un Mutex, bloquea a todas las demás goroutines que intenten acceder al mismo recurso. Estas otras goroutines quedan en espera hasta que la primera goroutine llama a Unlock(). Una vez que Unlock() es llamado, el Mutex se libera y la siguiente goroutine en la cola puede adquirir el bloqueo y acceder al recurso.

Es importante asegurarse siempre de que se llame a Unlock() después de Lock() para evitar interbloqueos (deadlocks). Un interbloqueo ocurre cuando una goroutine obtiene el bloqueo pero nunca lo libera, lo que hace que otras goroutines esperen indefinidamente para adquirir el bloqueo.

Una práctica común es usar defer justo después de llamar a Lock() para garantizar que Unlock() siempre se ejecute, incluso si ocurre un error en el medio del código:

```go
mutex.Lock()
defer mutex.Unlock() // Garantiza que el Mutex se libere al final de la función
```

Cuándo Usar Mutex

No todas las variables compartidas entre goroutines necesitan un Mutex. El Mutex solo debe usarse cuando existe la posibilidad de que múltiples goroutines intenten modificar los mismos datos al mismo tiempo. Para variables inmutables o operaciones de solo lectura, generalmente no es necesario un Mutex.

Por ejemplo, si una variable solo es leída por varias goroutines, no hay necesidad de protegerla con un Mutex, ya que las lecturas concurrentes no causan condiciones de carrera. Sin embargo, si la variable es modificada por varias goroutines, es esencial usar un Mutex para garantizar que estas modificaciones se realicen de manera segura.

Aquí hay un ejemplo donde el uso de Mutex no es necesario:

go

```go
var nombre string = "Diego"
func leerNombre() {
   fmt.Println(nombre)
}

func main() {
   for i := 0; i < 100; i++ {
      go leerNombre()
   }
}
```

En este caso, la variable nombre es leída por varias goroutines, pero como nunca se modifica, no hay necesidad de un Mutex para asegurar el acceso.

RWMutex: Lectura y Escritura Conjunta

Go también ofrece una variación de Mutex llamada sync.RWMutex, que se utiliza para proteger recursos compartidos donde múltiples goroutines pueden leer datos al mismo tiempo, pero solo una puede modificar los datos. El RWMutex permite que varias goroutines lean datos simultáneamente, siempre que ninguna esté escribiendo. Esto mejora el rendimiento en escenarios donde las operaciones de lectura son mucho más frecuentes que las de escritura.

El RWMutex ofrece dos métodos principales: RLock() para lecturas y Lock() para escrituras. Cuando una goroutine llama a RLock(), adquiere un bloqueo de lectura que permite que otras goroutines también adquieran el bloqueo de lectura. Sin embargo, si una goroutine intenta adquirir el bloqueo de escritura con Lock(), debe esperar hasta que todos los bloqueos de lectura sean liberados.

Caso de uso de RWMutex:

go

```go
import (
    "fmt"
    "sync"
)

var valor int
var rwMutex sync.RWMutex

func leerValor(wg *sync.WaitGroup) {
    defer wg.Done()
    rwMutex.RLock() // Adquiere el bloqueo de lectura
    defer rwMutex.RUnlock()
    fmt.Println("Valor leído:", valor)
}

func escribirValor(nuevoValor int, wg *sync.WaitGroup) {
    defer wg.Done()
    rwMutex.Lock() // Adquiere el bloqueo de escritura
    defer rwMutex.Unlock()
    valor = nuevoValor
    fmt.Println("Valor actualizado a:", valor)
}

func main() {
    var wg sync.WaitGroup

    // Goroutines de lectura
    for i := 0; i < 5; i++ {
        wg.Add(1)
        go leerValor(&wg)
    }

    // Goroutine de escritura
    wg.Add(1)
    go escribirValor(10, &wg)

    wg.Wait()
}
```

Cinco goroutines leen la variable valor mientras una goroutine modifica el valor. El RWMutex permite que varias goroutines lean simultáneamente, pero la goroutine de escritura debe esperar hasta que todas las lecturas terminen antes de modificar el valor. Esto optimiza el acceso concurrente a los datos, permitiendo que las lecturas ocurran en paralelo sin bloqueos innecesarios.

Evitar Interbloqueos

Los interbloqueos son un problema común al usar bloqueos en programación concurrente. Ocurren cuando dos o más goroutines esperan indefinidamente recursos que nunca se liberarán. Para evitar interbloqueos:

1. **Siempre usa defer para garantizar que se llame a Unlock().**
2. **Evita mantener múltiples Mutex al mismo tiempo.**
3. **Adquiere los bloqueos en un orden consistente en todas las goroutines.**

Ejemplo de un posible interbloqueo:

go

```go
var mutex1 sync.Mutex
var mutex2 sync.Mutex

func goroutine1() {
   mutex1.Lock()
   defer mutex1.Unlock()

   mutex2.Lock() // Espera a que mutex2 sea liberado
   defer mutex2.Unlock()
}

func goroutine2() {
   mutex2.Lock()
   defer mutex2.Unlock()
```

```
    mutex1.Lock() // Espera a que mutex1 sea liberado
    defer mutex1.Unlock()
}
```

En este escenario, goroutine1 y goroutine2 pueden quedar atrapadas en un interbloqueo porque una espera a que la otra libere un bloqueo que no puede liberar.

El uso cuidadoso de sync.Mutex y sync.RWMutex es esencial para garantizar la seguridad y la eficiencia en programas concurrentes en Go. Estas herramientas permiten coordinar el acceso a datos compartidos, evitando condiciones de carrera y manteniendo la integridad de los datos.

CAPÍTULO 16. PROGRAMACIÓN CONCURRENTE AVANZADA

La programación concurrente en Go va más allá del uso básico de goroutines y canales. A medida que los sistemas se vuelven más complejos, surge la necesidad de técnicas avanzadas de control de concurrencia para garantizar la eficiencia, seguridad y escalabilidad del programa. Go ofrece una serie de herramientas y patrones que pueden utilizarse para manejar escenarios concurrentes complejos, como la coordinación de goroutines, el procesamiento paralelo y el control de acceso a recursos compartidos.

Pipelines y Flujo de Datos

Los pipelines son una técnica poderosa para procesar datos en múltiples pasos, donde cada paso está representado por una goroutine que realiza una tarea específica. El uso de canales conecta estos pasos, permitiendo que los datos fluyan entre ellos. Cada paso recibe datos de un canal, procesa esos datos y envía los resultados al siguiente canal.

Aquí tienes un ejemplo básico de un pipeline de tres pasos:

```go
func generarNumeros(canal chan int) {
    for i := 1; i <= 5; i++ {
        canal <- i
    }
    close(canal)
}

func duplicarNumeros(canalEntrada, canalSalida chan int) {
```

```go
    for numero := range canalEntrada {
        canalSalida <- numero * 2
    }
    close(canalSalida)
}

func imprimirNumeros(canal chan int) {
    for numero := range canal {
        fmt.Println(numero)
    }
}

func main() {
    canal1 := make(chan int)
    canal2 := make(chan int)

    go generarNumeros(canal1)
    go duplicarNumeros(canal1, canal2)
    imprimirNumeros(canal2)
}
```

El primer paso genera números y los envía al canal1. El segundo paso duplica estos números y los envía al canal2, y el tercer paso imprime los resultados. Cada paso se ejecuta en una goroutine separada, permitiendo que los datos fluyan entre ellos de manera asíncrona.

Los pipelines permiten un paralelismo natural, ya que cada paso puede ejecutarse de manera independiente. Esto es particularmente útil en sistemas que procesan grandes volúmenes de datos o cuando el tiempo de procesamiento de cada paso puede variar.

Fan-out y Fan-in

Dos patrones importantes en la programación concurrente avanzada son el "fan-out" y el "fan-in". El patrón fan-out ocurre cuando una única fuente de datos se distribuye entre múltiples goroutines para su procesamiento en paralelo. El patrón fan-in, por otro lado, combina los resultados de múltiples goroutines en un único canal de salida.

Aquí tienes un modelo de fan-out, donde varias goroutines procesan datos en paralelo:

go

```go
func generarDatos(canal chan int) {
    for i := 1; i <= 10; i++ {
        canal <- i
    }
    close(canal)
}

func procesarDatos(id int, canalEntrada chan int, canalSalida chan int) {
    for dato := range canalEntrada {
        fmt.Printf("Goroutine %d procesando dato: %d\n", id, dato)
        canalSalida <- dato * 2
    }
}

func main() {
    canalEntrada := make(chan int)
    canalSalida := make(chan int)

    go generarDatos(canalEntrada)

    for i := 1; i <= 3; i++ { // Fan-out: 3 goroutines procesan datos en paralelo
        go procesarDatos(i, canalEntrada, canalSalida)
    }

    for i := 1; i <= 10; i++ {
        fmt.Println("Resultado final:", <-canalSalida)
    }
}
```

En este ejemplo, el fan-out ocurre cuando tres goroutines procesan los datos generados en paralelo, y el fan-in sucede cuando los resultados de estas goroutines se envían de vuelta al canalSalida, donde el programa principal los recopila e imprime.

Este patrón permite distribuir el trabajo entre múltiples goroutines, mejorando la eficiencia y reduciendo el tiempo total de procesamiento. El fan-out es útil en sistemas con tareas computacionalmente intensivas, donde el paralelismo puede mejorar significativamente el rendimiento.

Pools de Trabajadores

Los pools de trabajadores son una técnica avanzada que permite procesar múltiples tareas de manera concurrente con un número fijo de goroutines, llamadas trabajadores. Cada trabajador espera una tarea en un canal, procesa la tarea y luego espera la siguiente tarea. Esto es útil cuando tienes un gran número de tareas por procesar, pero deseas limitar el número de goroutines para evitar sobrecargar el sistema.

Aquí tienes un modelo ilustrativo de un pool de trabajadores:

go

```go
func trabajador(id int, tareas chan int, resultados chan int) {
    for tarea := range tareas {
        fmt.Printf("Trabajador %d procesando tarea %d\n", id, tarea)
        resultados <- tarea * 2
    }
}

func main() {
    tareas := make(chan int, 100)
    resultados := make(chan int, 100)

    // Crear un pool de 3 trabajadores
    for i := 1; i <= 3; i++ {
```

```go
        go trabajador(i, tareas, resultados)
    }
    // Enviar 5 tareas al pool de trabajadores
    for i := 1; i <= 5; i++ {
        tareas <- i
    }
    close(tareas)

    // Recibir los resultados
    for i := 1; i <= 5; i++ {
        fmt.Println("Resultado:", <-resultados)
    }
}
```

El pool de trabajadores consiste en tres goroutines (trabajadores), que procesan las tareas enviadas por el canal tareas. Cada trabajador procesa una tarea y envía el resultado de vuelta al canal resultados.

Los pools de trabajadores son ideales para tareas que se ejecutan en paralelo pero donde el número de goroutines necesita ser controlado, como en servidores web o sistemas de procesamiento de datos a gran escala.

Procesamiento Asíncrono con WaitGroup

Cuando múltiples goroutines están involucradas en un proceso y necesitas esperar a que todas hayan completado antes de continuar, usar sync.WaitGroup se vuelve esencial. El WaitGroup permite contar el número de goroutines en ejecución y bloquear el flujo principal hasta que todas hayan finalizado.

Aquí tienes un ejemplo práctico de cómo usar WaitGroup:

```go
import (
    "fmt"
    "sync"
```

```go
)
func tarea(id int, wg *sync.WaitGroup) {
    defer wg.Done()
    fmt.Printf("Tarea %d ejecutándose\n", id)
}

func main() {
    var wg sync.WaitGroup

    // Iniciar 5 goroutines y esperar a que todas terminen
    for i := 1; i <= 5; i++ {
        wg.Add(1)
        go tarea(i, &wg)
    }

    wg.Wait() // Espera a que todas las goroutines terminen
    fmt.Println("Todas las tareas completadas")
}
```

En este caso, el WaitGroup se utiliza para esperar a que todas las goroutines en la función tarea se completen antes de continuar.

Control de Competencia con context

El paquete context en Go es una herramienta esencial para controlar goroutines en sistemas más complejos, especialmente en situaciones donde necesitas cancelar o detener goroutines. Es muy utilizado en servidores web, APIs y sistemas distribuidos.

Aquí tienes un ejemplo de cómo usar context para cancelar una goroutine:

```go
import (
    "context"
    "fmt"
    "time"
)
```

```go
func tarea(ctx context.Context) {
    for {
        select {
        case <-ctx.Done():
            fmt.Println("Tarea cancelada")
            return
        default:
            fmt.Println("Tarea en progreso")
            time.Sleep(500 * time.Millisecond)
        }
    }
}

func main() {
    ctx, cancel := context.WithCancel(context.Background())

    go tarea(ctx)

    time.Sleep(2 * time.Second)
    cancel() // Cancela la tarea después de 2 segundos

    time.Sleep(1 * time.Second)
}
```

El uso de context es crucial en aplicaciones que necesitan gestionar operaciones concurrentes de manera eficiente y controlada, como sistemas de red y APIs que deben lidiar con interrupciones o tiempos de espera.

CAPÍTULO 17. MANEJO DE ERRORES EN GO

El manejo de errores es un aspecto fundamental para construir programas robustos y confiables. En Go, los errores se manejan explícitamente, utilizando un enfoque simple y efectivo que fomenta a los desarrolladores a tratar los errores de manera proactiva en lugar de ignorarlos. El uso de valores de retorno para señalar errores permite que el código sea más predecible y fácil de depurar, promoviendo una cultura de responsabilidad al manejar excepciones.

El Enfoque de Errores en Go

A diferencia de muchos otros lenguajes que utilizan excepciones para manejar errores, Go adopta un enfoque más explícito, donde los errores son valores que pueden ser devueltos por funciones. El patrón consiste en devolver dos valores: el valor de éxito (o nil, si no hay un valor que devolver) y un valor de tipo error que indica si ocurrió un error o no.

La interfaz error en Go está definida de manera muy simple:

go

```go
type error interface {
    Error() string
}
```

Cualquier tipo que implemente el método Error() con la firma anterior puede ser considerado un error en Go. Cuando ocurre un error, una función generalmente devuelve un valor no nulo del tipo error que describe el problema.

Aquí tienes un ejemplo básico de una función que devuelve un error:

go

```go
import (
    "errors"
    "fmt"
)

func dividir(a, b float64) (float64, error) {
    if b == 0 {
        return 0, errors.New("no se puede dividir entre cero")
    }
    return a / b, nil
}

func main() {
    resultado, err := dividir(10, 0)
    if err != nil {
        fmt.Println("Error:", err)
        return
    }
    fmt.Println("Resultado:", resultado)
}
```

En este caso, la función dividir devuelve un valor de error cuando se intenta una división entre cero. El código en main verifica si el error existe (if err != nil) y lo maneja mostrando un mensaje apropiado. Si no hay error, se imprime el resultado de la división. Este enfoque explícito fomenta a los desarrolladores a tratar los errores en el punto donde ocurren, haciendo que el código sea más seguro y predecible.

Errores Estándar y errors.New

Go proporciona el paquete errors, que contiene la función errors.New para crear un valor de error simple. La función acepta una cadena que describe el error y devuelve un valor de tipo error. Este es el método más básico para crear errores personalizados.

Ejemplo de creación y uso de un error con errors.New:

go

```go
import (
    "errors"
    "fmt"
)

func verificarEdad(edad int) error {
    if edad < 18 {
        return errors.New("edad mínima no alcanzada")
    }
    return nil
}

func main() {
    err := verificarEdad(15)
    if err != nil {
        fmt.Println("Error:", err)
    } else {
        fmt.Println("Acceso permitido")
    }
}
```

Si la edad proporcionada es menor a 18, la función verificarEdad devuelve un error creado con errors.New. El error se verifica en la función main y se maneja apropiadamente.

Creación de Errores Personalizados

Aunque el uso de errors.New es suficiente para muchos casos simples, Go también permite crear errores más sofisticados proporcionando información adicional o comportamientos personalizados. Para ello, puedes definir un tipo que implemente la interfaz error, con el método Error() devolviendo la descripción del error.

Ejemplo de un error personalizado:

go

```go
import (
    "fmt"
)

type ErrorDeDivision struct {
    divisor float64
}

func (e *ErrorDeDivision) Error() string {
    return fmt.Sprintf("no se puede dividir por %v", e.divisor)
}

func dividir(a, b float64) (float64, error) {
    if b == 0 {
        return 0, &ErrorDeDivision{divisor: b}
    }
    return a / b, nil
}

func main() {
    _, err := dividir(10, 0)
    if err != nil {
        fmt.Println("Error:", err)
    }
}
```

El error ErrorDeDivision es un marco personalizado que almacena el valor del divisor e implementa el método Error(). Esto permite proporcionar información más detallada sobre el error, como el valor que causó el problema.

Envolviendo Errores con fmt.Errorf

El paquete fmt proporciona una manera conveniente de crear y formatear errores usando fmt.Errorf. Esta función permite crear mensajes de error dinámicos y personalizados, incluyendo valores de variables en el mensaje.

Ejemplo de uso de fmt.Errorf:

go

```go
import (
    "fmt"
)

func verificarSaldo(saldo, valor float64) error {
    if saldo < valor {
        return fmt.Errorf("saldo insuficiente: el saldo actual es $%.2f, pero se requiere $%.2f", saldo, valor)
    }
    return nil
}

func main() {
    saldo := 50.0
    err := verificarSaldo(saldo, 100.0)
    if err != nil {
        fmt.Println("Error:", err)
    }
}
```

Propagación de Errores

Una práctica común en el manejo de errores en Go es la propagación de errores. Cuando una función llama a otra función que podría devolver un error, puede optar por devolver simplemente el error al llamador en lugar de manejarlo de inmediato.

Ejemplo de propagación de errores:

go

```go
import (
```

```go
    "errors"
    "fmt"
)

func cargarDatos() error {
    return errors.New("error al cargar datos")
}

func inicializar() error {
    if err := cargarDatos(); err != nil {
        return fmt.Errorf("falló la inicialización: %v", err)
    }
    return nil
}

func main() {
    if err := inicializar(); err != nil {
        fmt.Println("Error:", err)
    }
}
```

Uso de defer, panic y recover

Aunque el manejo explícito de errores con valores de retorno es el enfoque preferido en Go, hay casos donde pueden ocurrir errores graves que interrumpen la ejecución normal del programa. Para manejar estas situaciones, Go ofrece los mecanismos panic y recover.

Ejemplo de uso de panic y recover:

```go
go
import (
    "fmt"
)

func puedeCausarPanico() {
    defer func() {
        if r := recover(); r != nil {
```

```
        fmt.Println("Recuperado de un pánico:", r)
    }
    }()

    panic("¡algo salió mal!")
}

func main() {
    fmt.Println("Iniciando el programa")
    puedeCausarPanico()
    fmt.Println("Programa continuando después del pánico")
}
```

Manejo de Errores en Concurrencia

Cuando se utilizan goroutines, el manejo de errores puede ser un poco más complejo, ya que cada goroutine se ejecuta de forma independiente. Una forma común de manejar errores en goroutines es usar canales para enviar errores de vuelta a la función principal donde pueden ser manejados.

Ejemplo:

```go
import (
    "fmt"
    "time"
)

func tarea(canalErrores chan error) {
    time.Sleep(2 * time.Second)
    canalErrores <- fmt.Errorf("error en la tarea")
}

func main() {
    canalErrores := make(chan error)

    go tarea(canalErrores)

    if err := <-canalErrores; err != nil {
```

```
    fmt.Println("Error recibido de la goroutine:", err)
  }
}
```

Buenas Prácticas para el Manejo de Errores

- **Siempre verifica los errores:** Ignorar los errores puede llevar a un comportamiento inesperado en el programa.
- **Añade contexto a los errores:** Usa fmt.Errorf o crea errores personalizados para hacerlos más interpretables.
- **Propaga errores cuando sea necesario:** Si una función no puede tomar una acción significativa ante un error, propágalo al llamador.
- **Evita el uso excesivo de** panic: Resérvalo para errores graves que el programa no pueda manejar.
- **Usa** defer, panic **y** recover **con moderación:** Estos mecanismos son útiles en escenarios específicos, como la gestión de recursos críticos.

CAPÍTULO 18. PRUEBAS: ESCRITURA DE PRUEBAS UNITARIAS

Las pruebas unitarias son una práctica esencial en el desarrollo de software para garantizar que cada parte del código funcione como se espera. En Go, las pruebas son una parte integral del desarrollo, con soporte nativo en el paquete testing, lo que facilita la creación, ejecución y mantenimiento de pruebas. Escribir pruebas unitarias no solo ayuda a detectar y corregir errores rápidamente, sino que también asegura que los cambios futuros en el código no introduzcan fallos, preservando la calidad y la integridad del software.

Estructura Básica de las Pruebas en Go

Las pruebas en Go se almacenan en archivos separados, generalmente en el mismo paquete que la implementación que están probando, y deben seguir la convención de nombres *_test.go. Las funciones de prueba comienzan con el prefijo Test y reciben un parámetro del tipo *testing.T, proporcionado por el paquete testing. Este parámetro se utiliza para controlar y verificar los resultados de la prueba.

Ejemplo simple de una función de prueba:

```go
import (
    "testing"
)

func TestSuma(t *testing.T) {
    resultado := suma(2, 3)
    esperado := 5
```

```
    if resultado != esperado {
        t.Errorf("Resultado incorrecto: obtenido %d, esperado
%d", resultado, esperado)
    }
}
```

La función TestSuma prueba una función ficticia suma. Si el resultado de la función es diferente al valor esperado, la prueba falla y se llama al método t.Errorf, mostrando un mensaje de error. Las funciones de prueba pueden tener múltiples verificaciones, cada una de las cuales contribuye a garantizar que el código funcione correctamente en diferentes escenarios.

Ejecución de Pruebas

Para ejecutar pruebas unitarias, simplemente utiliza el comando go test en el directorio que contiene los archivos de prueba:

bash

```
go test
```

Go detecta y ejecuta automáticamente todas las pruebas definidas en los archivos *_test.go. Si las pruebas pasan, el comando no genera salida más allá de un resumen con el número de pruebas realizadas. Si alguna prueba falla, Go mostrará un mensaje detallado con la falla y los valores que no coincidieron con lo esperado.

Creación de Pruebas para Funciones

Supongamos que queremos probar una función simple llamada multiplicar, que toma dos enteros y devuelve su producto:

go

```
func multiplicar(a, b int) int {
    return a * b
}
```

Ahora, escribimos una prueba unitaria para esta función:

go

```go
import (
    "testing"
)

func TestMultiplicar(t *testing.T) {
    resultado := multiplicar(3, 4)
    esperado := 12

    if resultado != esperado {
        t.Errorf("Resultado incorrecto: obtenido %d, esperado %d", resultado, esperado)
    }
}
```

En esta prueba, verificamos si la función multiplicar devuelve el valor correcto cuando los argumentos son 3 y 4. Si el valor devuelto no es 12, la prueba falla y muestra un mensaje con los valores esperado y obtenido.

Uso de Tablas de Prueba

Una técnica común en Go para organizar múltiples casos de prueba es el uso de tablas de prueba. En lugar de duplicar código para cada variación de entrada y salida, puedes utilizar una tabla de datos que defina los diferentes escenarios de prueba. Luego, el código itera sobre esta tabla y realiza la prueba para cada caso.

Ejemplo de tabla de prueba para la función multiplicar:

go

```go
func TestMultiplicar(t *testing.T) {
    casos := []struct {
        a, b    int
        esperado int
```

```go
}{
    {2, 3, 6},
    {5, 5, 25},
    {7, 0, 0},
    {9, -3, -27},
}

for _, caso := range casos {
    resultado := multiplicar(caso.a, caso.b)
    if resultado != caso.esperado {
        t.Errorf("Error al multiplicar %d por %d: esperado %d,
obtenido %d", caso.a, caso.b, caso.esperado, resultado)
    }
}
}
```

La tabla casos contiene varias combinaciones de valores de entrada y resultados esperados. El bucle recorre cada uno de estos casos y verifica si la función multiplicar devuelve el resultado correcto.

Pruebas para Funciones que Devuelven Errores

Muchas funciones en Go devuelven errores como parte de su firma, y las pruebas unitarias necesitan verificar que estos errores se manejen correctamente. Por ejemplo, una función dividir que devuelve un error si el divisor es cero:

go

```go
import "errors"

func dividir(a, b float64) (float64, error) {
    if b == 0 {
        return 0, errors.New("no se puede dividir entre cero")
    }
    return a / b, nil
}
```

Prueba para esta función:

go

```go
import (
    "testing"
)

func TestDividir(t *testing.T) {
    _, err := dividir(10, 0)

    if err == nil {
        t.Errorf("Se esperaba un error al dividir entre cero, pero no se devolvió ningún error")
    }

    _, err = dividir(10, 2)
    if err != nil {
        t.Errorf("Error inesperado al dividir: %v", err)
    }
}
```

Pruebas de Rendimiento

Además de las pruebas unitarias, Go ofrece soporte para pruebas de rendimiento (benchmarks) utilizando el método Benchmark. Esto permite medir el tiempo de ejecución de una función y evaluar su rendimiento en diferentes escenarios.

Ejemplo de un benchmark para la función multiplicar:

go

```go
func BenchmarkMultiplicar(b *testing.B) {
    for i := 0; i < b.N; i++ {
        multiplicar(3, 4)
    }
}
```

Ejecuta benchmarks con el comando go test -bench ..

Pruebas Asíncronas

Para probar funciones que usan concurrencia, como goroutines, es importante asegurarse de que los resultados se verifiquen correctamente. Usar sync.WaitGroup puede garantizar que las pruebas esperen a que todas las goroutines completen su trabajo antes de continuar:

```go
import (
   "sync"
   "testing"
)

func TestConcorrente(t *testing.T) {
   var wg sync.WaitGroup

   contador := 0
   mutex := &sync.Mutex{}

   for i := 0; i < 100; i++ {
      wg.Add(1)
      go func() {
         defer wg.Done()
         mutex.Lock()
         contador++
         mutex.Unlock()
      }()
   }

   wg.Wait()

   if contador != 100 {
       t.Errorf("Se esperaba contador igual a 100, pero se obtuvo %d", contador)
   }
```

```
}
```

Pruebas para Entrada y Salida (I/O)

Para funciones que interactúan con archivos, puedes usar paquetes como io/ioutil para simular estas interacciones:

go

```go
import (
    "io/ioutil"
    "os"
    "testing"
)

func escribirArchivo(nombreArchivo, contenido string) error {
    return ioutil.WriteFile(nombreArchivo, []byte(contenido),
0644)
}

func TestEscribirArchivo(t *testing.T) {
    archivo, err := ioutil.TempFile("", "test")
    if err != nil {
        t.Fatal(err)
    }
    defer os.Remove(archivo.Name())

    contenido := "¡Hola, mundo!"
    err = escribirArchivo(archivo.Name(), contenido)
    if err != nil {
        t.Errorf("Error al escribir en el archivo: %v", err)
    }

    datos, err := ioutil.ReadFile(archivo.Name())
    if err != nil {
        t.Errorf("Error al leer el archivo: %v", err)
    }

    if string(datos) != contenido {
```

```
    t.Errorf("Contenido incorrecto: esperado %s, obtenido
%s", contenido, string(datos))
  }
}
```

Las pruebas en Go fomentan un enfoque explícito y estructurado, lo que facilita el desarrollo de software confiable y mantenible.

CAPÍTULO 19. TRABAJO CON APIS

Las APIs son interfaces que permiten la interacción entre diferentes sistemas. Son fundamentales para construir servicios web modernos, donde las aplicaciones necesitan comunicarse de manera eficiente y segura. En Go, el desarrollo de APIs se facilita mediante el paquete net/http, que ofrece soporte nativo para manejar solicitudes HTTP, y el paquete encoding/json, que simplifica la manipulación de datos en formato JSON, el más común en las APIs RESTful.

Para empezar a trabajar con APIs RESTful en Go, el primer paso es entender cómo funcionan las rutas y cómo crear manejadores que traten con diferentes métodos HTTP, como GET, POST, PUT y DELETE. Estos métodos representan las operaciones básicas de un CRUD, permitiendo crear, leer, actualizar y eliminar datos.

En Go, el paquete net/http proporciona una forma sencilla de crear servidores HTTP y gestionar rutas de la API. Para definir una ruta, se utiliza la función http.HandleFunc, que asocia una URL con una función que se ejecutará cuando se acceda a esa ruta.

Estructura Básica para una API

Imagina que estás creando una API para gestionar una lista de productos. Primero, define una estructura para representar un producto. A continuación, un ejemplo de cómo podría definirse esta estructura:

go

```go
type Producto struct {
    ID    int    `json:"id"`
    Nombre string `json:"nombre"`
```

```go
    Precio float64 `json:"precio"`
}

var productos []Producto
```

La estructura Producto contiene tres campos: un identificador (ID), el nombre del producto (Nombre) y el precio (Precio). La anotación json:"campo" indica cómo se representará el campo cuando la estructura se convierta a JSON.

Ruta GET para Listar Productos

Ahora, puedes crear un manejador para la ruta GET que devuelva la lista de productos en formato JSON. Esto se hace configurando el encabezado de respuesta a application/json y usando el paquete encoding/json para codificar la lista de productos como JSON:

go

```go
func obtenerProductos(w http.ResponseWriter, r *http.Request) 
{
    w.Header().Set("Content-Type", "application/json")
    json.NewEncoder(w).Encode(productos)
}
```

Esta función envía todos los productos almacenados en la variable productos como respuesta en JSON. Para conectar esta función a una ruta de la API, utiliza http.HandleFunc en main:

go

```go
func main() {
    http.HandleFunc("/productos", obtenerProductos)
    log.Fatal(http.ListenAndServe(":8080", nil))
}
```

Con esto, la API está lista para aceptar solicitudes GET en la ruta /productos. Siempre que se acceda a esta ruta, el servidor responderá con la lista de productos en formato JSON.

Agregar Productos con POST

Además de listar productos, es importante permitir la creación de nuevos productos mediante el método POST. Para ello, puedes crear una nueva función que reciba los datos del producto en el cuerpo de la solicitud, decodifique el JSON en la estructura Producto y añada el nuevo producto a la lista:

go

```go
func crearProducto(w http.ResponseWriter, r *http.Request) {
    var nuevoProducto Producto
    json.NewDecoder(r.Body).Decode(&nuevoProducto)
    nuevoProducto.ID = len(productos) + 1
    productos = append(productos, nuevoProducto)

    w.Header().Set("Content-Type", "application/json")
    json.NewEncoder(w).Encode(nuevoProducto)
}
```

La función json.NewDecoder transforma el cuerpo de la solicitud (en formato JSON) en una estructura de Go. El nuevo producto se añade a la lista y la respuesta también se envía en JSON para confirmar que el producto se creó correctamente.

Asocia esta función con la ruta adecuada en main:

go

```go
http.HandleFunc("/producto/nuevo", crearProducto)
```

Ahora, la API acepta solicitudes POST en la ruta /producto/nuevo para crear nuevos productos.

Obtener un Producto por ID

Implementa la funcionalidad para leer un producto específico usando el método GET con parámetros en la URL. Para ello, utiliza r.URL.Query().Get("id") para extraer el ID del producto de la URL. Este ID se utiliza para buscar el producto correspondiente en la lista:

go

```go
func obtenerProducto(w http.ResponseWriter, r *http.Request)
{
    w.Header().Set("Content-Type", "application/json")
    id, err := strconv.Atoi(r.URL.Query().Get("id"))
    if err != nil {
        http.Error(w, "ID inválido", http.StatusBadRequest)
        return
    }

    for _, producto := range productos {
        if producto.ID == id {
            json.NewEncoder(w).Encode(producto)
            return
        }
    }

    http.Error(w, "Producto no encontrado",
http.StatusNotFound)
}
```

Establece la ruta en main:

go

```go
http.HandleFunc("/producto", obtenerProducto)
```

Actualizar un Producto con PUT

Para actualizar un producto, utiliza el método PUT. La lógica es similar a la creación de un producto, pero en lugar de añadir un nuevo elemento a la lista, actualizas un producto existente:

go

```go
func actualizarProducto(w http.ResponseWriter, r
```

```go
*http.Request) {
    id, err := strconv.Atoi(r.URL.Query().Get("id"))
    if err != nil {
        http.Error(w, "ID inválido", http.StatusBadRequest)
        return
    }

    var productoActualizado Producto
    json.NewDecoder(r.Body).Decode(&productoActualizado)

    for i, producto := range productos {
        if producto.ID == id {
            productos[i] = productoActualizado
            productos[i].ID = id
            w.Header().Set("Content-Type", "application/json")
            json.NewEncoder(w).Encode(productos[i])
            return
        }
    }

    http.Error(w, "Producto no encontrado",
http.StatusNotFound)
}
```

Agrega la ruta en main:

go

```go
http.HandleFunc("/producto/actualizar", actualizarProducto)
```

Eliminar un Producto con DELETE

Para eliminar un producto, utiliza el método DELETE. Encuentra el producto con el ID correspondiente y elimínalo de la lista:

go

```go
func eliminarProducto(w http.ResponseWriter, r *http.Request)
{
    id, err := strconv.Atoi(r.URL.Query().Get("id"))
```

```
   if err != nil {
      http.Error(w, "ID inválido", http.StatusBadRequest)
      return
   }

   for i, producto := range productos {
      if producto.ID == id {
         productos = append(productos[:i], productos[i+1:]...)
         w.WriteHeader(http.StatusNoContent)
         return
      }
   }

   http.Error(w, "Producto no encontrado",
http.StatusNotFound)
}
```

Agrega la ruta en main:

go

```
http.HandleFunc("/producto/eliminar", eliminarProducto)
```

Consumo de APIs Externas

Para consumir una API externa con GET:

go

```
func consumirAPIExterna() {
   respuesta, err := http.Get("https://api.ejemplo.com/datos")
   if err != nil {
      log.Fatal("Error en la solicitud:", err)
   }
   defer respuesta.Body.Close()

   body, err := ioutil.ReadAll(respuesta.Body)
   if err != nil {
      log.Fatal("Error al leer la respuesta:", err)
   }
```

```go
    fmt.Println("Respuesta de la API:", string(body))
}
```

Para enviar datos a una API con POST:

go

```go
func enviarDatosAPI() {
    datos := map[string]string{"nombre": "Producto A", "precio": "19.90"}
    jsonData, _ := json.Marshal(datos)

    respuesta, err := http.Post("https://api.ejemplo.com/nuevo", "application/json", bytes.NewBuffer(jsonData))
    if err != nil {
        log.Fatal("Error en la solicitud POST:", err)
    }
    defer respuesta.Body.Close()

    body, _ := ioutil.ReadAll(respuesta.Body)
    fmt.Println("Respuesta de la API:", string(body))
}
```

Construir y consumir APIs en Go es eficiente gracias a la simplicidad del lenguaje y su soporte nativo para operaciones HTTP y JSON. Esto convierte a Go en una excelente opción para desarrollar sistemas web escalables y de alto rendimiento.

CAPÍTULO 20. GESTIÓN DE DEPENDENCIAS CON GO MODULES

Go Modules es el sistema oficial de gestión de dependencias para el lenguaje Go. Fue introducido para reemplazar el antiguo sistema GOPATH, que tenía varias limitaciones, especialmente en lo relacionado con la gestión de diferentes versiones de paquetes. Con Go Modules, la gestión de paquetes se volvió más eficiente y flexible, permitiendo a los desarrolladores mantener versiones específicas de bibliotecas y dependencias, asegurando la consistencia de sus proyectos.

La principal ventaja de Go Modules es que permite que cualquier directorio sea un proyecto de Go, sin estar limitado al directorio GOPATH. Además, ofrece herramientas poderosas para descargar, verificar y actualizar dependencias de manera organizada.

Iniciando un Proyecto con Go Modules

Lo primero que debes hacer en un proyecto que utilice Go Modules es inicializarlo con el comando go mod init. Esto crea un archivo go.mod, que contiene información sobre el módulo, como su nombre y las dependencias que utiliza.

Supongamos que estás creando un nuevo proyecto llamado mi-proyecto. Para inicializar Go Modules, simplemente ejecuta el siguiente comando:

bash

```
go mod init mi-proyecto
```

Este comando crea el archivo go.mod en la raíz del proyecto, con la siguiente estructura básica:

```go
module mi-proyecto

go 1.18
```

Aquí, module define el nombre del proyecto, y la línea go 1.18 indica la versión de Go utilizada en el proyecto. Cada vez que agregas una nueva dependencia a tu proyecto, Go Modules actualizará automáticamente este archivo para incluir el paquete y su versión correspondiente.

Agregando Dependencias

Cuando importas un paquete que no forma parte de la biblioteca estándar de Go, Go Modules agrega automáticamente la dependencia a tu archivo go.mod. Esto ocurre durante la ejecución de los comandos go build o go run. Además, Go Modules también crea el archivo go.sum, que contiene los hashes de todas las dependencias y sus versiones, asegurando que el proyecto sea siempre consistente, incluso cuando se comparte con otros.

Por ejemplo, si agregas la biblioteca github.com/gorilla/mux a tu proyecto, solo necesitas importar el paquete en tu código:

```go
import "github.com/gorilla/mux"
```

Cuando ejecutes go build, Go Modules obtendrá esta dependencia, la descargará y añadirá la información necesaria al archivo go.mod:

```go
module mi-proyecto

go 1.18

require github.com/gorilla/mux v1.8.0
```

El campo require especifica la versión exacta del paquete agregado al proyecto. El archivo go.sum contendrá el hash correspondiente a esta dependencia, garantizando la integridad del código descargado.

Actualizando Dependencias

Mantener las dependencias actualizadas es esencial para garantizar que el proyecto continúe utilizando las últimas versiones de las bibliotecas, que a menudo incluyen correcciones de errores, mejoras de rendimiento y nuevas funcionalidades. Para actualizar una dependencia específica, se utiliza el comando go get.

Supongamos que deseas actualizar la biblioteca mux a la última versión. Esto se puede hacer con:

bash

```
go get github.com/gorilla/mux@latest
```

Este comando busca la última versión del paquete y actualiza tanto el archivo go.mod como el go.sum para reflejar la nueva versión.

Además, puedes especificar una versión específica al usar go get. Si por alguna razón necesitas usar una versión anterior de una dependencia, también es posible:

bash

```
go get github.com/gorilla/mux@v1.7.0
```

Esto obliga a Go Modules a utilizar la versión 1.7.0 de la biblioteca mux en lugar de la última versión.

Eliminando Dependencias No Utilizadas

Con el tiempo, es común que algunos paquetes utilizados en un proyecto ya no sean necesarios. Para eliminar dependencias que ya no se usan, puedes usar el comando go mod tidy. Este comando limpia los archivos go.mod y go.sum, eliminando paquetes que ya no se referencian en el código.

Ejecuta el comando de la siguiente manera:

bash

```
go mod tidy
```

Esto elimina cualquier dependencia que haya sido añadida al archivo go.mod, pero que no esté siendo utilizada en ninguna parte del código. Es una buena práctica ejecutar este comando periódicamente para garantizar que el proyecto no contenga dependencias innecesarias.

Entendiendo el Archivo go.sum

El archivo go.sum se crea automáticamente con Go Modules y sirve para garantizar la integridad de las dependencias. Contiene hashes criptográficos de cada dependencia, asegurando que, cuando alguien descargue tu proyecto, las versiones de las bibliotecas utilizadas sean las mismas que usaste durante el desarrollo.

Cada vez que una dependencia se descarga o se actualiza, Go actualiza el archivo go.sum con los hashes de la nueva versión del paquete. Esto asegura que, incluso si el código fuente de una biblioteca cambia en el repositorio original, tu proyecto seguirá utilizando la versión correcta sin que se apliquen cambios no autorizados.

Versionado Semántico

Go Modules utiliza versionado semántico (semver) para gestionar dependencias. semver sigue el formato vMAJOR.MINOR.PATCH, donde:

- **MAJOR**: Cambios incompatibles con versiones anteriores.
- **MINOR**: Nuevas funcionalidades compatibles con la versión anterior.

- **PATCH**: Corrección de errores y mejoras menores, compatibles con versiones anteriores.

Por ejemplo, si estás utilizando la versión v1.7.0 de una biblioteca, el comando go get github.com/gorilla/mux actualizará automáticamente a la última versión dentro de la línea v1.x.x, pero nunca a la versión v2.0.0, a menos que especifiques esta versión manualmente.

Repositorios Privados

En muchos casos, las dependencias de un proyecto pueden estar en repositorios privados. Go Modules admite dependencias privadas, pero requiere una configuración adicional. Una práctica común es configurar el entorno para usar claves SSH o tokens de autenticación que permitan acceder a estos repositorios.

Supongamos que tienes un paquete privado alojado en GitHub, en un repositorio como github.com/usuario/repositorio-privado. Para usar este paquete, puedes configurar Go para usar tus credenciales SSH:

bash

```
go get github.com/usuario/repositorio-privado
```

Alternativamente, puedes configurar proxies o usar la variable de entorno GOPRIVATE para indicar qué dominios deben tratarse como privados.

Configura esto de la siguiente manera:

bash

```
export GOPRIVATE=github.com/usuario/*
```

Con esta configuración, cualquier dependencia en github.com/usuario se tratará como privada y Go no intentará usar el proxy público para obtener las dependencias.

Trabajo sin Conexión

Go Modules crea una caché local para las dependencias descargadas. Esto significa que puedes seguir trabajando en un proyecto incluso si no estás conectado a internet, siempre que las dependencias ya se hayan descargado previamente.

Si necesitas verificar las dependencias en la caché local, puedes usar el comando:

bash

```
go list -m all
```

Reemplazo y Exclusión de Módulos

Go Modules ofrece mecanismos para controlar las dependencias de manera más granular. Con la directiva replace, puedes reemplazar una dependencia con una versión local o de otro repositorio.

Ejemplo de uso de replace:

go

```
replace github.com/gorilla/mux v1.8.0 => ../mux-local
```

Con exclude, puedes excluir versiones específicas de un paquete:

go

```
exclude github.com/gorilla/mux v1.7.0
```

Buenas Prácticas con Go Modules

- Mantén el archivo go.mod actualizado, especialmente al agregar o eliminar dependencias.
- Usa go mod tidy regularmente para limpiar dependencias no utilizadas.
- Asegúrate de que el archivo go.sum esté presente en el control de versiones.

- Configura GOPRIVATE correctamente para módulos privados.
- Usa replace y exclude con moderación para evitar complicaciones de mantenimiento.

Go Modules simplifica el proceso de gestionar dependencias, haciendo los proyectos más predecibles y seguros. Mediante una gestión efectiva de paquetes y versiones, los desarrolladores pueden concentrarse en crear funcionalidades, sabiendo que el sistema asegura la consistencia del entorno.

CAPÍTULO 21. MANIPULACIÓN DE JSON EN GO

JSON (JavaScript Object Notation) es un formato ampliamente utilizado para el intercambio de datos, especialmente en APIs y servicios web. Su simplicidad y legibilidad lo convierten en una opción popular para transportar información entre sistemas, independientemente de las plataformas o lenguajes de programación. En Go, el paquete estándar encoding/json ofrece soporte nativo para la manipulación de datos JSON, permitiendo tanto la serialización (convertir datos de estructuras Go a JSON) como la deserialización (convertir JSON a estructuras Go).

Trabajar con JSON en Go es una tarea sencilla y eficiente. El lenguaje proporciona herramientas directas para manipular estructuras de datos complejas, asegurando una integración fluida con sistemas basados en JSON. El uso del paquete encoding/json permite transformar datos hacia y desde JSON con pocas líneas de código.

Serialización de Datos a JSON

El proceso de serialización (o "marshaling") se refiere a convertir estructuras de Go al formato JSON. Esto es común cuando se desea enviar datos a una API, almacenar información en un archivo o mostrar datos en un formato legible. La función json.Marshal se utiliza para convertir cualquier estructura, slice, mapa o tipo de dato básico en una cadena JSON.

Supongamos que tienes una estructura Producto, que contiene información sobre productos:

go

```go
type Producto struct {
    ID    int     `json:"id"`
    Nombre string `json:"nombre"`
    Precio float64 `json:"precio"`
}
```

Aquí, la estructura Producto tiene tres campos: ID, Nombre y Precio. Las etiquetas JSON (json:"id", por ejemplo) especifican cómo se nombrará cada campo en el formato JSON. Para transformar una instancia de esta estructura a JSON, puedes usar json.Marshal de la siguiente manera:

go

```go
producto := Producto{
    ID:    1,
    Nombre: "Notebook",
    Precio: 1999.99,
}

jsonData, err := json.Marshal(producto)
if err != nil {
    log.Fatal(err)
}
fmt.Println(string(jsonData))
```

El resultado será algo como:

json

```json
{"id":1,"nombre":"Notebook","precio":1999.99}
```

Las etiquetas JSON son opcionales, pero recomendadas, ya que te dan control sobre cómo se representan los campos de la estructura en JSON.

Deserialización de Datos JSON

La deserialización (o "unmarshaling") convierte una cadena

JSON nuevamente a una estructura de Go. Esto es común al recibir datos de una API o leer datos JSON de un archivo. Para esta tarea, se utiliza la función json.Unmarshal.

Por ejemplo, si recibes el siguiente JSON:

json

```
{"id":2,"nombre":"Smartphone","precio":1399.99}
```

Puedes deserializarlo en la estructura Producto de la siguiente manera:

go

```
var producto Producto
jsonData :=
[]byte(`{"id":2,"nombre":"Smartphone","precio":1399.99}`)

err := json.Unmarshal(jsonData, &producto)
if err != nil {
    log.Fatal(err)
}
fmt.Printf("ID: %d, Nombre: %s, Precio: %.2f\n", producto.ID,
producto.Nombre, producto.Precio)
```

La función json.Unmarshal decodifica los datos JSON y los almacena en la variable producto.

Trabajando con Estructuras Anidadas

Los datos JSON suelen ser más complejos, conteniendo estructuras anidadas o listas de elementos. Go maneja estas situaciones de manera eficiente. Si un campo dentro de una estructura Go es otra estructura o un slice de estructuras, el paquete encoding/json convierte automáticamente el JSON a estas estructuras anidadas.

Por ejemplo, si tienes una estructura Pedido que contiene una lista de Producto:

go

```go
type Pedido struct {
    Numero   int        `json:"numero"`
    Cliente  string     `json:"cliente"`
    Productos []Producto `json:"productos"`
}
```

Y el siguiente JSON representa un pedido:

json

```json
{
    "numero": 123,
    "cliente": "Juan",
    "productos": [
        {"id": 1, "nombre": "Notebook", "precio": 1999.99},
        {"id": 2, "nombre": "Smartphone", "precio": 1399.99}
    ]
}
```

Para deserializar este JSON en la estructura Pedido:

go

```go
var pedido Pedido
jsonData := []byte(`
{
    "numero": 123,
    "cliente": "Juan",
    "productos": [
        {"id": 1, "nombre": "Notebook", "precio": 1999.99},
        {"id": 2, "nombre": "Smartphone", "precio": 1399.99}
    ]
}`)

err := json.Unmarshal(jsonData, &pedido)
if err != nil {
    log.Fatal(err)
```

```
}
fmt.Printf("Pedido No.: %d\nCliente: %s\n", pedido.Numero,
pedido.Cliente)
for _, producto := range pedido.Productos {
    fmt.Printf("Producto: %s - Precio: %.2f\n",
producto.Nombre, producto.Precio)
}
```

Esto deserializa el JSON en la estructura Pedido, permitiéndote acceder a los productos y otra información del pedido.

Tratando Campos Opcionales

En algunos casos, los datos JSON pueden no contener todos los campos esperados, o ciertos campos pueden ser opcionales. Para manejar esto, puedes usar punteros o el tipo omitempty en las etiquetas JSON.

Supongamos que el campo Precio es opcional. Puedes ajustar la estructura Producto:

go

```
type Producto struct {
    ID    int    `json:"id"`
    Nombre string `json:"nombre"`
    Precio *float64 `json:"precio,omitempty"`
}
```

Si el campo Precio falta en el JSON, la variable Precio en la estructura será nil.

Lectura y Escritura de JSON desde Archivos

Para escribir datos JSON a un archivo:

go

```
producto := Producto{
    ID:   3,
```

```
    Nombre: "Tablet",
    Precio: 899.99,
}

file, err := os.Create("producto.json")
if err != nil {
    log.Fatal(err)
}
defer file.Close()

json.NewEncoder(file).Encode(producto)
```

Para leer JSON desde un archivo:

go

```
var producto Producto

file, err := os.Open("producto.json")
if err != nil {
    log.Fatal(err)
}
defer file.Close()

json.NewDecoder(file).Decode(&producto)
fmt.Printf("Producto: %s - Precio: %.2f\n", producto.Nombre,
producto.Precio)
```

Trabajando con JSON Dinámico

Para JSON desconocido, puedes usar map[string]interface{} para
representar objetos genéricos:

go

```
var datos map[string]interface{}
jsonData := []byte(`{
    "nombre": "Tablet",
    "precio": 899.99,
    "especificaciones": {
```

```
      "memoria": "4GB",
      "almacenamiento": "64GB"
   }
}`)

err := json.Unmarshal(jsonData, &datos)
if err != nil {
   log.Fatal(err)
}

fmt.Printf("Nombre: %s\n", datos["nombre"])
fmt.Printf("Precio: %.2f\n", datos["precio"].(float64))

especificaciones := datos["especificaciones"].
(map[string]interface{})
fmt.Printf("Memoria: %s\n", especificaciones["memoria"])
fmt.Printf("Almacenamiento: %s\n",
especificaciones["almacenamiento"])
```

Manipulación de JSON en APIs

Cuando trabajas con APIs, la manipulación de JSON es clave. Las respuestas suelen estar en JSON, y al enviar datos, debes serializarlos en JSON.

Por ejemplo, para recibir datos de una API:

go

```
response, err := http.Get("https://api.example.com/productos")
if err != nil {
   log.Fatal(err)
}
defer response.Body.Close()

var productos []Producto
json.NewDecoder(response.Body).Decode(&productos)
```

Esto te permite manipular los datos devueltos por la API como una lista de productos.

CAPÍTULO 22. APLICACIONES WEB CON GO

Go es un lenguaje ideal para el desarrollo web, especialmente porque es rápido, eficiente y tiene soporte robusto para manejar servidores y solicitudes HTTP. Desde la creación de pequeños servicios API hasta la construcción de aplicaciones web complejas, Go ofrece una variedad de herramientas para simplificar el proceso de desarrollo, asegurando un alto rendimiento. El paquete net/http es el núcleo del desarrollo web en Go, proporcionando soporte nativo para servidores HTTP, manejo de rutas, cookies, entre otros.

Estructura de un Servidor Web en Go

El corazón de una aplicación web en Go es el servidor HTTP, que puede configurarse de forma sencilla. Con el paquete net/http, puedes crear un servidor HTTP con pocas líneas de código. La función http.HandleFunc asocia una ruta con un manejador, que es la función responsable de manejar las solicitudes realizadas a esa ruta. La función http.ListenAndServe inicia el servidor y comienza a escuchar solicitudes.

Ejemplo básico de un servidor web en Go:

go

```go
package main

import (
    "fmt"
    "log"
    "net/http"
)
```

```go
func home(w http.ResponseWriter, r *http.Request) {
    fmt.Fprintln(w, "¡Bienvenido a mi aplicación web en Go!")
}

func main() {
    http.HandleFunc("/", home)
    log.Fatal(http.ListenAndServe(":8080", nil))
}
```

La función home es el manejador de la ruta principal /. Escribe un mensaje de bienvenida en la respuesta HTTP. El servidor escucha las solicitudes en el puerto 8080 y, cada vez que se realiza una solicitud a la ruta /, se ejecuta la función home.

Rutas y Manejadores

Una ruta es el camino en la URL que mapea una función o lógica específica de la aplicación. En el ejemplo anterior, la ruta / se configuró para mostrar una página de inicio. En una aplicación web más compleja, necesitas múltiples rutas, cada una responsable de diferentes páginas o características.

El paquete net/http facilita la creación y gestión de rutas. Puedes usar http.HandleFunc para definir rutas adicionales:

go

```go
func sobre(w http.ResponseWriter, r *http.Request) {
    fmt.Fprintln(w, "¡Esta es la página sobre nosotros!")
}

func contacto(w http.ResponseWriter, r *http.Request) {
    fmt.Fprintln(w, "Página de contacto: contáctanos en
contacto@ejemplo.com")
}

func main() {
    http.HandleFunc("/", home)
    http.HandleFunc("/sobre", sobre)
```

```
http.HandleFunc("/contacto", contacto)
log.Fatal(http.ListenAndServe(":8080", nil))
}
```

Ahora, la aplicación tiene tres rutas: la página principal (/), la página "Sobre nosotros" (/sobre) y la página "Contacto" (/contacto). Cada ruta llama a un manejador diferente, que responde con un mensaje específico.

Envío de HTML como Respuesta

Las aplicaciones web generalmente implican la representación de páginas HTML en lugar de simplemente devolver cadenas de texto. Go admite el envío de HTML directamente en las respuestas HTTP. Para hacer esto, simplemente escribe el código HTML en el manejador de la ruta.

Ejemplo de cómo devolver una página HTML:

go

```
func home(w http.ResponseWriter, r *http.Request) {
    w.Header().Set("Content-Type", "text/html")
    fmt.Fprintln(w, `<h1>¡Bienvenido a la aplicación web!</h1><p>Esta es la página de inicio.</p>`)
}
```

En este caso, el encabezado Content-Type se define como text/html, y el contenido HTML se envía en el cuerpo de la respuesta. Aunque este enfoque funciona para páginas simples, usar cadenas directamente en el código no es escalable para páginas web complejas.

Trabajando con Plantillas

Go tiene un poderoso paquete llamado html/template, que permite la creación de plantillas HTML dinámicas. Una plantilla es un archivo HTML que puede contener variables y lógica básica de control de flujo, como bucles y condicionales.

Primero, crea un archivo de plantilla HTML, como index.html:

html

```html
<!DOCTYPE html>
<html lang="es">
<head>
    <meta charset="UTF-8">
    <meta name="viewport" content="width=device-width,
initial-scale=1.0">
    <title>Página de Inicio</title>
</head>
<body>
    <h1>¡Bienvenido, {{.Nombre}}!</h1>
    <p>Esta es la página de inicio de nuestra aplicación web.</p>
</body>
</html>
```

Este archivo contiene una variable llamada {{.Nombre}}, que será llenada dinámicamente en el código Go. Para renderizar esta plantilla, usa el paquete html/template:

go

```go
import (
    "html/template"
    "net/http"
)

func home(w http.ResponseWriter, r *http.Request) {
    tmpl, err := template.ParseFiles("index.html")
    if err != nil {
        http.Error(w, err.Error(), http.StatusInternalServerError)
        return
    }

    data := struct {
        Nombre string
```

```
  }{
     Nombre: "Visitante",
  }

  tmpl.Execute(w, data)
}
```

La plantilla index.html se carga con template.ParseFiles, y la función Execute inserta los datos en la plantilla antes de enviarla como respuesta.

Manipulación de Formularios

Una de las principales características de una aplicación web es la interacción con el usuario a través de formularios. Go ofrece soporte completo para manejar formularios HTML, permitiendo capturar y procesar datos enviados mediante solicitudes POST o GET.

Formulario HTML simple:

html

```html
<form action="/formulario" method="POST">
   <label for="nombre">Nombre:</label>
   <input type="text" id="nombre" name="nombre">
   <button type="submit">Enviar</button>
</form>
```

Captura los datos enviados por este formulario en Go con la función r.FormValue:

go

```go
func formulario(w http.ResponseWriter, r *http.Request) {
   if r.Method == http.MethodPost {
      nombre := r.FormValue("nombre")
      fmt.Fprintf(w, "Nombre enviado: %s", nombre)
      return
   }
```

```
    http.ServeFile(w, r, "formulario.html")
}

func main() {
    http.HandleFunc("/formulario", formulario)
    log.Fatal(http.ListenAndServe(":8080", nil))
}
```

Gestión de Cookies y Sesiones

Las cookies son usadas para almacenar datos en el navegador del usuario, permitiendo que la aplicación web mantenga información entre solicitudes.

Ejemplo de configuración de una cookie:

go

```
func setCookie(w http.ResponseWriter, r *http.Request) {
    cookie := &http.Cookie{
        Name: "usuario",
        Value: "Juan",
        Path: "/",
    }
    http.SetCookie(w, cookie)
    fmt.Fprintln(w, "¡Cookie creada!")
}
```

Para leer una cookie:

go

```
func getCookie(w http.ResponseWriter, r *http.Request) {
    cookie, err := r.Cookie("usuario")
    if err != nil {
        http.Error(w, "Cookie no encontrada",
http.StatusNotFound)
        return
    }
```

```go
    fmt.Fprintf(w, "Usuario: %s\n", cookie.Value)
}
```

Creando APIs con Go

Además de renderizar páginas HTML, Go es ampliamente utilizado para construir APIs RESTful. Usa el paquete encoding/json para manejar solicitudes y respuestas JSON.

Ejemplo de API que devuelve una lista de productos en formato JSON:

go

```go
import "encoding/json"

func apiProductos(w http.ResponseWriter, r *http.Request) {
    productos := []string{"Notebook", "Smartphone", "Tablet"}
    w.Header().Set("Content-Type", "application/json")
    json.NewEncoder(w).Encode(productos)
}

func main() {
    http.HandleFunc("/api/productos", apiProductos)
    log.Fatal(http.ListenAndServe(":8080", nil))
}
```

Este servidor responde en /api/productos con una lista de productos en formato JSON, que puede ser consumida por un frontend o una aplicación externa.

CAPÍTULO 23. APLICACIONES EN TIEMPO REAL CON GO

Los sistemas en tiempo real son cada vez más comunes en el desarrollo moderno, proporcionando interacciones instantáneas entre usuarios y servidores. Ya sea para chats en línea, notificaciones instantáneas o sistemas de juegos, las aplicaciones que ofrecen actualizaciones en tiempo real son esenciales para garantizar una experiencia de usuario fluida y dinámica. Go, con su alto rendimiento y capacidad para manejar concurrencia, es una excelente opción para crear este tipo de aplicaciones, especialmente con soporte para WebSockets.

Introducción a WebSockets

WebSockets son una tecnología que permite comunicación bidireccional en tiempo real entre el cliente y el servidor. A diferencia del protocolo HTTP tradicional, basado en solicitudes y respuestas independientes, los WebSockets mantienen una conexión abierta, permitiendo que el servidor y el cliente intercambien datos continuamente sin necesidad de restablecer la conexión en cada comunicación. Esto es ideal para sistemas que requieren actualizaciones frecuentes e inmediatas, como sistemas de mensajería, monitoreo de datos o juegos multijugador.

En Go, el soporte para WebSockets puede implementarse fácilmente utilizando paquetes como gorilla/websocket. Este paquete es ampliamente utilizado por desarrolladores de Go para facilitar la creación de servidores WebSocket. Ofrece una API sencilla para manejar conexiones, enviar y recibir mensajes, y gestionar la comunicación entre clientes y servidores de manera eficiente.

Configuración del Proyecto e Instalación de Dependencias

Para comenzar a construir una aplicación en tiempo real con WebSockets en Go, el primer paso es configurar el proyecto e instalar las dependencias necesarias. El paquete gorilla/websocket puede instalarse con el siguiente comando:

bash

```
go get github.com/gorilla/websocket
```

Una vez instalado el paquete, puedes empezar a crear el servidor WebSocket y gestionar las conexiones.

Creación de un Servidor WebSocket

Un servidor WebSocket en Go puede construirse de manera similar a un servidor HTTP tradicional, con la diferencia de que acepta y gestiona conexiones WebSocket en lugar de simples solicitudes HTTP. A continuación, se muestra un ejemplo básico de cómo configurar un servidor WebSocket:

go

```go
package main

import (
    "log"
    "net/http"
    "github.com/gorilla/websocket"
)

var upgrader = websocket.Upgrader{
    ReadBufferSize: 1024,
    WriteBufferSize: 1024,
    CheckOrigin: func(r *http.Request) bool {
        return true
    },
}
```

```go
func handleConnections(w http.ResponseWriter, r
*http.Request) {
    ws, err := upgrader.Upgrade(w, r, nil)
    if err != nil {
        log.Println("Error al actualizar a WebSocket:", err)
        return
    }
    defer ws.Close()

    for {
        var msg string
        err := ws.ReadJSON(&msg)
        if err != nil {
            log.Println("Error al leer mensaje:", err)
            break
        }
        log.Printf("Mensaje recibido: %s", msg)

        err = ws.WriteJSON("¡Mensaje recibido!")
        if err != nil {
            log.Println("Error al enviar respuesta:", err)
            break
        }
    }
}

func main() {
    http.HandleFunc("/ws", handleConnections)
    log.Println("Servidor WebSocket en ejecución en el puerto
8080...")
    log.Fatal(http.ListenAndServe(":8080", nil))
}
```

En este servidor WebSocket básico:

1. **Actualización de Conexión**: La conexión HTTP se actualiza a WebSocket utilizando websocket.Upgrader.

2. **Gestión de Mensajes**: Una vez que la conexión está activa, el servidor escucha mensajes del cliente y responde a cada mensaje recibido.

3. **Persistencia de la Conexión**: El bucle dentro de la función handleConnections permanece activo mientras la conexión esté abierta, esperando mensajes del cliente.

Configuración del Cliente WebSocket

Para probar el servidor WebSocket, necesitas un cliente que pueda conectarse a él y enviar/recibir mensajes en tiempo real. Esto se puede hacer fácilmente con JavaScript en el frontend de una aplicación web.

Ejemplo de cliente WebSocket en HTML:

html

```html
<!DOCTYPE html>
<html lang="es">
<head>
   <meta charset="UTF-8">
   <meta name="viewport" content="width=device-width,
initial-scale=1.0">
   <title>Cliente WebSocket</title>
</head>
<body>
   <h1>Cliente WebSocket</h1>
   <script>
     const ws = new WebSocket("ws://localhost:8080/ws");

     ws.onopen = function() {
       console.log("Conectado al servidor WebSocket");
       ws.send("Hola, servidor!");
     };

     ws.onmessage = function(event) {
       console.log("Mensaje recibido del servidor:",
```

```
event.data);
    };

    ws.onclose = function() {
        console.log("Conexión cerrada");
    };

    ws.onerror = function(error) {
        console.log("Error:", error);
    };
  </script>
</body>
</html>
```

Este cliente:

- Se conecta al servidor en la ruta /ws en el puerto 8080.
- Envía un mensaje inicial al servidor.
- Escucha mensajes del servidor y los imprime en la consola del navegador.

Comunicación Bidireccional

Los WebSockets permiten comunicación bidireccional, es decir, tanto el cliente como el servidor pueden enviar y recibir datos continuamente. Esto es ideal para aplicaciones como sistemas de chat, donde los mensajes de un usuario se transmiten a todos los demás usuarios conectados.

Ejemplo de servidor WebSocket para un sistema de chat en tiempo real:

go

```
package main

import (
    "log"
    "net/http"
    "github.com/gorilla/websocket"
```

```go
)

var upgrader = websocket.Upgrader{
    ReadBufferSize:  1024,
    WriteBufferSize: 1024,
    CheckOrigin: func(r *http.Request) bool {
        return true
    },
}

var clients = make(map[*websocket.Conn]bool)
var broadcast = make(chan string)

func handleConnections(w http.ResponseWriter, r
*http.Request) {
    ws, err := upgrader.Upgrade(w, r, nil)
    if err != nil {
        log.Println("Error al conectar cliente:", err)
        return
    }
    defer ws.Close()

    clients[ws] = true

    for {
        var msg string
        err := ws.ReadJSON(&msg)
        if err != nil {
            log.Printf("Error en conexión: %v", err)
            delete(clients, ws)
            break
        }
        broadcast <- msg
    }
}

func handleMessages() {
    for {
```

```
        msg := <-broadcast
        for client := range clients {
            err := client.WriteJSON(msg)
            if err != nil {
                log.Printf("Error al enviar mensaje: %v", err)
                client.Close()
                delete(clients, client)
            }
        }
    }
}
func main() {
    http.HandleFunc("/ws", handleConnections)
    go handleMessages()

    log.Println("Servidor de chat en tiempo real ejecutándose en
el puerto 8080...")
    log.Fatal(http.ListenAndServe(":8080", nil))
}
```

En este servidor:

1. **Gestión de Clientes**: Todos los clientes conectados se almacenan en un mapa llamado clients.
2. **Canal de Difusión**: Los mensajes recibidos se envían al canal broadcast, que los distribuye a todos los clientes conectados.

Escalabilidad de Aplicaciones WebSocket

Para manejar un gran número de conexiones simultáneas:

- **Balanceo de Carga**: Utiliza herramientas como NGINX o HAProxy para distribuir las conexiones entre múltiples instancias del servidor.
- **Mantenimiento de Estado**: Almacena datos de sesión en una base de datos compartida como Redis para garantizar consistencia entre servidores.

- **División de Conexiones**: Divide a los clientes entre diferentes servidores en función de criterios como salas de chat o grupos de usuarios.

Con el soporte robusto para concurrencia de Go, las aplicaciones en tiempo real con WebSockets pueden manejar miles de conexiones simultáneas, ofreciendo flexibilidad y alto rendimiento para sistemas interactivos a gran escala.

CAPÍTULO 24. BUENAS PRÁCTICAS DE DESARROLLO CON GO

Go es un lenguaje conocido por su simplicidad, eficiencia y enfoque en la productividad. Sin embargo, como en cualquier lenguaje de programación, la forma en que se organiza y estructura el código puede impactar directamente en la mantenibilidad, rendimiento y escalabilidad del proyecto. Aplicar buenas prácticas no solo garantiza un código limpio y fácil de entender, sino que también promueve la estandarización en los equipos de desarrollo, facilita la depuración y reduce la probabilidad de errores.

A continuación, exploraremos las principales buenas prácticas para el desarrollo en Go, abarcando la organización del código, patrones de diseño, manejo de errores y optimización.

Organización del Código

Una buena organización del código es fundamental para mantener un proyecto escalable y fácil de navegar. En Go, los proyectos se organizan en paquetes, que agrupan funcionalidades relacionadas en el mismo ámbito. La idea principal es mantener el código modular y reutilizable, además de evitar la duplicación de funcionalidades.

La estructura estándar de un proyecto en Go sigue la convención de dividir el código en directorios claros, como:

bash

```
/my-project
    /cmd
    /pkg
```

```
/internal
/api
main.go
```

- **/cmd**: Contiene los puntos de entrada del programa, es decir, los binarios ejecutables. Si el proyecto tiene múltiples binarios, cada uno puede tener su propio subdirectorio dentro de cmd.
- **/pkg**: Almacena el código que puede ser reutilizado por otros proyectos. Contiene las bibliotecas que podrían estar disponibles para terceros, haciendo el código compartible.
- **/internal**: Para código que es específico del proyecto y no debe exponerse externamente. El directorio internal define un límite de visibilidad: todo lo que está dentro de él no puede ser importado por paquetes fuera del proyecto.
- **/api**: Ideal para almacenar contratos de API, como definiciones de mensajes o protocolos.

Esta organización ayuda a dividir responsabilidades y a mantener el código separado según su función en el sistema.

Nombres de Paquetes y Funciones

Go tiene un enfoque minimalista para la nomenclatura de paquetes y funciones. La convención es usar nombres cortos pero descriptivos, evitando redundancias. Dado que el lenguaje utiliza un sistema de importación basado en paquetes, el nombre del paquete ya refleja el contexto, por lo que repetir el nombre del paquete en funciones o estructuras no es necesario.

Por ejemplo, en un paquete llamado math, no sería necesario nombrar una función como math.Add; simplemente Add es suficiente, ya que el nombre del paquete proporciona el contexto.

go

```
package math
```

```go
func Add(a, b int) int {
    return a + b
}
```

Los nombres de los paquetes deben escribirse siempre en minúsculas y sin separadores como guiones bajos o guiones. Un nombre de paquete como mymodule es preferible a algo como my_module o my-module. Esta estandarización garantiza que el código sea fácil de leer y seguir.

Manejo de Errores

El manejo explícito de errores es una característica importante en Go. A diferencia de lenguajes que utilizan excepciones, Go favorece devolver errores directamente en las funciones, lo que obliga a los desarrolladores a tratar los posibles problemas de forma proactiva. La convención más común es devolver un valor seguido de un error:

go

```go
func divide(a, b float64) (float64, error) {
    if b == 0 {
        return 0, fmt.Errorf("cannot divide by zero")
    }
    return a / b, nil
}
```

Este estándar debe seguirse estrictamente para garantizar que el código no ignore errores. Para verificar el error devuelto, la práctica recomendada es hacerlo inmediatamente después de llamar a la función:

go

```go
result, err := divide(10, 0)
if err != nil {
    log.Println("Error:", err)
```

```
    return
}
fmt.Println("Result:", result)
```

Además, el paquete errors y la función fmt.Errorf se utilizan para crear mensajes de error descriptivos. Es importante asegurarse de que los mensajes de error proporcionen información útil y contextual para facilitar la depuración.

Pruebas Unitarias

Escribir pruebas unitarias es una práctica esencial en Go, facilitada por el soporte nativo del paquete testing. Las pruebas garantizan que el código funcione correctamente y ayudan a prevenir la introducción de errores al agregar nuevas funcionalidades o modificar el código existente.

Un archivo de prueba en Go sigue la convención de nombrado *_test.go, y las funciones de prueba comienzan con Test seguido del nombre de la función o comportamiento que se está probando. La función de prueba recibe un parámetro *testing.T, que se utiliza para verificar los resultados esperados:

go

```
func TestDividir(t *testing.T) {
    result, err := divide(10, 2)
    if err != nil {
        t.Errorf("Unexpected error: %v", err)
    }

    if result != 5 {
        t.Errorf("Incorrect result: expected 5, obtained %v", result)
    }
}
```

La práctica de probar cada función o unidad de código individualmente permite una mejor cobertura y facilita el mantenimiento. Go también ofrece herramientas como go test para ejecutar todas las pruebas a la vez, además de comandos como go test -cover para verificar la cobertura del código.

Uso de Goroutines y Concurrencia

Las goroutines son una de las características más poderosas de Go, que permiten escribir código concurrente de manera eficiente y con bajo costo. Se utilizan para realizar operaciones asíncronas, como llamadas de red o tareas de procesamiento en segundo plano.

A pesar de su simplicidad, es importante usarlas con cuidado para evitar problemas como fugas de goroutines (cuando una goroutine sigue ejecutándose innecesariamente). Una buena práctica es asegurarse siempre de que las goroutines puedan detenerse o finalizarse cuando ya no sean necesarias, utilizando canales o contextos (context.Context).

Ejemplo simple de uso de goroutines para ejecutar una función en paralelo:

go

```go
func executeTask() {
    fmt.Println("Task executed!")
}
func main() {
    go executeTask()
    time.Sleep(1 * time.Second) // Espera a que la goroutine termine
}
```

En proyectos más complejos, las goroutines deben controlarse con mecanismos más robustos, como sync.WaitGroup o context.

Uso de Canales

Los canales (chan) son una de las principales formas de

comunicación entre goroutines en Go. Permiten el intercambio de datos de manera segura y eficiente, sin necesidad de usar mutexes u otros mecanismos de sincronización manual.

Para usar canales de manera efectiva, es importante comprender su comportamiento bloqueante y cómo usar la instrucción select para manejar múltiples operaciones de lectura o escritura simultáneamente. Aquí un ejemplo de cómo un canal puede usarse para sincronizar dos goroutines:

go
```
func sendData(channel chan string) {
    channel <- "Data sent"
}

func main() {
    channel := make(chan string)
    go sendData(channel)

    data := <-channel
    fmt.Println(data)
}
```

Evitar el Estado Global

En Go, el uso de variables globales puede causar problemas de concurrencia, dificultar las pruebas y fallar el código. Se recomienda encarecidamente evitar variables globales siempre que sea posible. En su lugar, se prefieren pasar dependencias directamente a las funciones que las necesitan o encapsular el estado en estructuras.

Por ejemplo, en lugar de usar una variable global para una configuración, puedes pasar esa configuración como un parámetro a las funciones que la necesitan:

go
```
type Config struct {
```

```
    Port int
}

func startServer(cfg Config) {
    fmt.Printf("Server started on port %d\n", cfg.Port)
}

func main() {
    cfg := Config{Port: 8080}
    startServer(cfg)
}
```

Documentación

Go tiene un sistema de documentación integrado que utiliza comentarios simples. La documentación se genera automáticamente y puede accederse mediante godoc o en repositorios de código.

Un comentario de función en Go debe ser conciso pero describir claramente qué hace la función, sus parámetros y el valor de retorno:

go

```
// Divide returns the result of dividing a by b.
// Returns an error if b is zero.
func divide(a, b float64) (float64, error) {
    if b == 0 {
        return 0, fmt.Errorf("cannot divide by zero")
    }
    return a / b, nil
}
```

Herramientas de Formateo y Análisis Estático

Go ofrece herramientas integradas como gofmt, que formatea el código según un patrón predefinido, haciendo que sea más legible y evitando debates sobre el estilo de código.

Además, herramientas como golint y staticcheck ayudan a identificar patrones problemáticos, mejorar la legibilidad del código y detectar posibles errores. Estas herramientas son fáciles de integrar en flujos de CI/CD, garantizando que el código que llega a producción siga las mejores prácticas.

Aplicar estas prácticas eleva la calidad del desarrollo en Go, asegurando un código limpio, eficiente y mantenible a largo plazo.

CAPÍTULO 25. EJEMPLOS DE PROYECTOS PRÁCTICOS EN GO

A lo largo del aprendizaje de Go, es esencial consolidar los conocimientos adquiridos mediante la práctica. Los proyectos prácticos ayudan a aplicar conceptos teóricos, probar soluciones en escenarios reales y crear algo tangible que pueda ser reutilizado o mejorado. Desarrollar proyectos reales proporciona una visión más amplia del lenguaje, especialmente en términos de arquitectura de software, organización del código e integración con herramientas externas. A continuación, exploraremos algunos proyectos prácticos que abarcan diversas áreas del desarrollo en Go.

Proyecto 1: API RESTful para Gestión de Tareas

El desarrollo de una API RESTful es una de las aplicaciones más comunes al trabajar con Go. Este proyecto consiste en construir una API para gestionar tareas, donde se puedan crear, listar, actualizar y eliminar tareas. Esta aplicación simple permite practicar la gestión de rutas, la manipulación de datos y el manejo de errores.

Estructura del Proyecto

Organiza el código en una estructura clara, como:

bash

```
/taskmanager
    /cmd
        /taskmanager
            main.go
    /pkg
```

```
/tasks
    handler.go
    model.go
    repository.go
go.mod
```

- **cmd/taskmanager**: Contiene el punto de entrada de la aplicación.
- **pkg/tasks**: Contiene los controladores de rutas, los modelos de datos y la lógica de persistencia.

Implementación del Modelo de Tareas

Comienza definiendo la estructura del modelo de datos para una tarea:

go

```
package tasks

type Task struct {
    ID     int    `json:"id"`
    Title  string `json:"title"`
    Status string `json:"status"`
}
var taskList []Task
var nextID = 1
```

Esta estructura define los campos principales de una tarea, como el título y el estado.

Creación de los Controladores de Rutas

Ahora, implementa las funciones para manejar las solicitudes HTTP, como crear una nueva tarea:

go

```
package tasks
```

```go
import (
    "encoding/json"
    "net/http"
)

func CreateTask(w http.ResponseWriter, r *http.Request) {
    var newTask Task
    json.NewDecoder(r.Body).Decode(&newTask)
    newTask.ID = nextID
    nextID++
    taskList = append(taskList, newTask)
    w.WriteHeader(http.StatusCreated)
    json.NewEncoder(w).Encode(newTask)
}

func ListTasks(w http.ResponseWriter, r *http.Request) {
    w.Header().Set("Content-Type", "application/json")
    json.NewEncoder(w).Encode(taskList)
}
```

La función CreateTask lee los datos del cuerpo de la solicitud, crea una nueva tarea y la añade a la lista taskList. La función ListTasks devuelve la lista de tareas en formato JSON.

Configuración del Servidor

Finalmente, en el archivo main.go, configura el servidor HTTP y asocia las rutas con los controladores:

go

```go
package main

import (
    "log"
    "net/http"
    "taskmanager/pkg/tasks"
)
```

```go
func main() {
    http.HandleFunc("/tasks", tasks.ListTasks)
    http.HandleFunc("/tasks/new", tasks.CreateTask)

    log.Println("Servidor corriendo en el puerto 8080...")
    log.Fatal(http.ListenAndServe(":8080", nil))
}
```

Este proyecto simple te ayudará a practicar la construcción de APIs, la gestión de rutas y la manipulación de datos.

Proyecto 2: Aplicación de Chat en Tiempo Real con WebSockets

Crear una aplicación de chat en tiempo real utilizando WebSockets es una excelente manera de aplicar conceptos de concurrencia, gestión de conexiones y manejo de eventos en Go. En este proyecto, el servidor mantiene una conexión abierta con los clientes, permitiéndoles enviar y recibir mensajes en tiempo real.

Estructura del Proyecto

El código puede organizarse de la siguiente manera:

bash

```
/chatapp
   /cmd
      /chatapp
         main.go
   /pkg
      /chat
         client.go
         server.go
   go.mod
```

Configuración del Servidor WebSocket

El servidor WebSocket será responsable de aceptar conexiones de múltiples clientes y transmitir mensajes entre ellos. Comienza definiendo un cliente y un gestor de mensajes:

go

```go
package chat

import (
    "github.com/gorilla/websocket"
    "log"
    "net/http"
)

var clients = make(map[*websocket.Conn]bool)
var broadcast = make(chan Message)

type Message struct {
    Username string `json:"username"`
    Text    string `json:"text"`
}

var upgrader = websocket.Upgrader{}

func HandleConnections(w http.ResponseWriter, r *http.Request) {
    ws, err := upgrader.Upgrade(w, r, nil)
    if err != nil {
        log.Fatal(err)
        return
    }
    defer ws.Close()

    clients[ws] = true

    for {
        var msg Message
        err := ws.ReadJSON(&msg)
        if err != nil {
            log.Printf("Error de conexión: %v", err)
            delete(clients, ws)
```

```go
            break
        }
        broadcast <- msg
    }
}

func HandleMessages() {
    for {
        msg := <-broadcast
        for client := range clients {
            err := client.WriteJSON(msg)
            if err != nil {
                log.Printf("Error al enviar mensaje: %v", err)
                client.Close()
                delete(clients, client)
            }
        }
    }
}
```

Configuración del Servidor HTTP

En el archivo main.go, configura el servidor para manejar conexiones WebSocket y procesar mensajes:

go

```go
package main

import (
    "log"
    "net/http"
    "chatapp/pkg/chat"
)

func main() {
    http.HandleFunc("/ws", chat.HandleConnections)
    go chat.HandleMessages()
```

```
log.Println("Servidor WebSocket corriendo en el puerto
8080...")
   log.Fatal(http.ListenAndServe(":8080", nil))
}
```

Cliente WebSocket

Crea un cliente HTML simple que se conecte al servidor WebSocket y envíe mensajes:

html

```html
<!DOCTYPE html>
<html lang="es">
<head>
   <meta charset="UTF-8">
   <meta name="viewport" content="width=device-width,
initial-scale=1.0">
   <title>Chat en Tiempo Real</title>
</head>
<body>
   <h1>Chat</h1>
   <input id="username" placeholder="Tu nombre" /><br><br>
   <textarea id="message" placeholder="Escribe tu mensaje"></
textarea><br>
   <button onclick="sendMessage()">Enviar</button>
   <script>
      const ws = new WebSocket("ws://localhost:8080/ws");

      ws.onmessage = function(event) {
         const message = JSON.parse(event.data);
         alert(`${message.username}: ${message.text}`);
      };

      function sendMessage() {
         const username =
document.getElementById('username').value;
         const text =
```

```
document.getElementById('message').value;
      ws.send(JSON.stringify({ username, text }));
    }
  </script>
</body>
</html>
```

Proyecto 3: Herramienta CLI para Manipulación de Archivos

Un proyecto CLI (Interfaz de Línea de Comandos) es una excelente forma de explorar la simplicidad y robustez de Go para construir herramientas de utilidad. En este ejemplo, construiremos una herramienta CLI que busque palabras clave en archivos de texto, ideal para trabajar con grandes volúmenes de datos y archivos.

Estructura del Proyecto

La estructura del proyecto es simple:

bash

```
/filetool
   /cmd
      /filetool
         main.go
   /pkg
      /search
         search.go
   go.mod
```

Implementación de la Función de Búsqueda

En el archivo search.go, crea la función que buscará una palabra clave en los archivos:

go

```
package search
```

```go
import (
    "bufio"
    "fmt"
    "os"
    "strings"
)

func SearchInFile(keyword, filepath string) error {
    file, err := os.Open(filepath)
    if err != nil {
        return err
    }
    defer file.Close()

    scanner := bufio.NewScanner(file)
    lineNumber := 1
    for scanner.Scan() {
        if strings.Contains(scanner.Text(), keyword) {
            fmt.Printf("Encontrado en la línea %d: %s\n",
lineNumber, scanner.Text())
        }
        lineNumber++
    }

    if err := scanner.Err(); err != nil {
        return err
    }

    return nil
}
```

Integración con la Herramienta CLI

En el archivo main.go, implementa la lógica para capturar argumentos de línea de comandos y realizar la búsqueda:

go

```go
package main
```

```go
import (
    "filetool/pkg/search"
    "flag"
    "log"
)

func main() {
    keyword := flag.String("keyword", "", "Palabra clave para
buscar")
    filepath := flag.String("file", "", "Ruta del archivo")

    flag.Parse()

    if *keyword == "" || *filepath == "" {
        log.Fatal("Debes proporcionar la palabra clave y la ruta del
archivo.")
    }

    err := search.SearchInFile(*keyword, *filepath)
    if err != nil {
        log.Fatalf("Error al buscar en el archivo: %v", err)
    }
}
```

Estos tres proyectos prácticos abarcan diferentes aspectos del desarrollo en Go, desde la creación de APIs hasta aplicaciones en tiempo real con WebSockets y herramientas de línea de comandos. Practicar con este tipo de proyectos permite aplicar conceptos eficientemente, enfrentar desafíos reales y refinar habilidades técnicas, esenciales para crecer como desarrollador en Go.

CONCLUSIÓN GENERAL

A lo largo de este libro, exploramos un recorrido completo de aprendizaje y aplicación práctica del lenguaje Go, cubriendo desde los fundamentos hasta temas avanzados que consolidan el conocimiento necesario para convertirse en un desarrollador eficiente. A continuación, haremos un repaso de cada capítulo, destacando las principales lecciones aprendidas y su importancia en el desarrollo con Go.

Capítulo 1: Introducción a Go
Comenzamos nuestro recorrido entendiendo el origen y los principales objetivos del lenguaje Go. La historia de la creación de Go estuvo impulsada por la necesidad de un lenguaje simple, rápido y con soporte robusto para la concurrencia, diseñado para manejar las complejidades del software a gran escala. Desde el principio, revisamos cómo Go fue diseñado para superar las limitaciones de lenguajes más antiguos, combinando facilidad de desarrollo con rendimiento nativo. Esta base sólida es fundamental para entender la filosofía del lenguaje y cómo puede aplicarse en diferentes escenarios.

Capítulo 2: Instalación y Configuración del Entorno
Configuramos nuestro entorno de desarrollo, asegurándonos de que todas las herramientas estuvieran listas para comenzar a escribir y ejecutar programas en Go. Comprender cómo configurar correctamente el entorno en varias plataformas, ya sea en sistemas Windows, Linux o macOS, es esencial para garantizar una experiencia de desarrollo fluida. Además, exploramos las herramientas nativas de Go, como go run, go build y la creación de proyectos modulares, que son fundamentales para gestionar el código a gran escala.

Capítulo 3: Primeros Pasos: Hola Mundo en Go

Este capítulo nos presentó la estructura básica de un programa en Go, con el clásico "Hola Mundo". Discutimos la simplicidad de la sintaxis, la importancia de la función main y cómo Go elimina la complejidad mientras ofrece poderosas abstracciones. El simple acto de compilar y ejecutar el primer programa demostró lo eficiente que es el lenguaje, siendo capaz de crear binarios nativos listos para ejecutarse directamente en diferentes sistemas operativos.

Capítulo 4: Variables y Tipos de Datos

Entender cómo Go maneja las variables y los tipos de datos es crucial para un buen rendimiento en el desarrollo de software. Cubrimos el tipado fuerte de Go, que evita muchos errores comunes en tiempo de compilación, además de sus inferencias inteligentes. Exploramos tipos básicos como enteros, flotantes, cadenas y booleanos, además de introducir arreglos, slices y mapas, que son las estructuras de datos más utilizadas en el lenguaje.

Capítulo 5: Control de Flujo

El lenguaje Go simplifica el control de flujo al proporcionar construcciones bien definidas para condicionales y bucles. Analizamos el uso de bloques if, else, switch y for, además de la ausencia del bucle while tradicional, reemplazado por el poderoso for, que permite controlar repeticiones de manera más concisa. Aprender estas estructuras proporciona la base para el control lógico y la toma de decisiones en los programas.

Capítulo 6: Funciones en Go

Las funciones son la columna vertebral de cualquier programa, y Go las maneja de una manera simple y poderosa. Vimos cómo declarar e invocar funciones, manejar múltiples parámetros y valores de retorno, y la importancia de las funciones anónimas y los closures para crear abstracciones más flexibles. También cubrimos cómo las funciones pueden pasarse como argumentos, creando patrones que se asemejan a la programación funcional.

Capítulo 7: Trabajando con Arreglos y Slices

Exploramos el poder de los arreglos y slices, estructuras fundamentales para manipular colecciones de datos. Comprender las diferencias entre los arreglos (de tamaño fijo) y los slices (más flexibles y usados en la mayoría de los casos) fue esencial para una manipulación eficiente de datos en Go. Al practicar la creación, manipulación e iteración de estas colecciones, vimos cómo Go optimiza el uso de memoria y ofrece rendimiento en grandes volúmenes de datos.

Capítulo 8: Estructuras y Métodos

Las estructuras son fundamentales en Go para definir tipos complejos. Las estructuras permiten agrupar datos relacionados en una sola entidad y se utilizan ampliamente para representar objetos y modelos de datos. También aprendimos a asociar métodos con estructuras, permitiendo una forma limpia de encapsular comportamientos con datos. Esto es crucial para organizar el código y aplicar principios de programación orientada a objetos, incluso en un lenguaje procedural.

Capítulo 9: Interfaces y Polimorfismo en Go

Go es un lenguaje que promueve el uso extensivo de interfaces para habilitar el polimorfismo. En lugar de utilizar herencia, Go emplea composición y polimorfismo a través de interfaces para definir comportamientos. Vimos cómo implementar interfaces y cómo el polimorfismo facilita el desarrollo de software flexible y extensible, ya que diferentes tipos pueden tratarse de la misma manera si implementan la misma interfaz.

Capítulo 10: Manipulación de Archivos

Trabajar con archivos es una tarea común en cualquier aplicación, y Go ofrece soporte nativo para leer y escribir archivos. Practicamos cómo abrir, leer y escribir archivos de manera eficiente, así como garantizar el cierre adecuado de archivos para evitar fugas de memoria. La manipulación de archivos es una habilidad esencial para manejar entradas y salidas de datos, especialmente en aplicaciones que procesan grandes volúmenes de información o registros.

Capítulo 11: Programación Concurrente: Introducción

Go es ampliamente reconocido por su soporte para la programación concurrente de una manera simple y eficiente. Introdujimos los conceptos fundamentales de concurrencia y paralelismo, discutiendo los beneficios de escribir código concurrente en aplicaciones modernas. Al utilizar las abstracciones nativas de Go, como las goroutines, abordamos cómo realizar tareas concurrentes sin la complejidad presente en otros lenguajes.

Capítulo 12: GoRoutines: Competencia Ligera

Las goroutines son una de las características más poderosas de Go, permitiendo la ejecución simultánea de tareas con muy poca sobrecarga. A lo largo de este capítulo, vimos cómo crear goroutines para procesar tareas en paralelo, explorando la ligereza de estas rutinas y su capacidad para manejar múltiples operaciones de manera concurrente, maximizando el uso de los recursos de la máquina.

Capítulo 13: Canales: Comunicación entre Goroutines

Además de las goroutines, Go proporciona canales para facilitar la comunicación y sincronización entre tareas concurrentes. Discutimos cómo los canales permiten que las goroutines intercambien datos de manera segura y sin la necesidad de bloqueos manuales, haciendo que la concurrencia sea más simple y menos propensa a errores. Practicamos cómo enviar y recibir datos a través de canales y cómo usarlos en conjunto con goroutines.

Capítulo 14: Select: Controlando Múltiples Goroutines

La instrucción select es una herramienta esencial para manejar múltiples goroutines que usan canales. Vimos cómo usar select para esperar múltiples operaciones en diferentes canales, permitiendo que el programa maneje eventos simultáneos de manera eficiente. Esta habilidad es fundamental para construir sistemas más complejos que requieren alta capacidad de respuesta e interacción en tiempo real.

Capítulo 15: Mutex y Sincronización en Go

Aunque los canales son la forma recomendada de comunicarse entre goroutines, en algunos casos es necesario usar mutexes para proteger el acceso a recursos compartidos. Discutimos el uso de mutexes para garantizar la seguridad de los datos en situaciones donde las goroutines pueden acceder simultáneamente a variables, evitando condiciones de carrera y problemas de consistencia.

Capítulo 16: Programación Concurrente Avanzada

Combinamos los conceptos aprendidos en capítulos anteriores para explorar técnicas avanzadas de concurrencia, como la creación de pools de goroutines, temporizadores y contextos para controlar el tiempo de ejecución de las tareas. La programación concurrente en Go permite construir aplicaciones altamente escalables y receptivas capaces de manejar un gran número de operaciones simultáneas.

Capítulo 17: Manejo de Errores en Go

El manejo de errores es una parte central del desarrollo en Go. A lo largo de este capítulo, revisamos cómo Go adopta un enfoque explícito para el manejo de errores, obligando al desarrollador a lidiar con ellos de forma directa y clara. Examinamos diferentes estrategias para crear y devolver errores descriptivos, asegurándonos de que las aplicaciones sean resilientes ante fallos.

Capítulo 18: Pruebas: Escritura de Pruebas Unitarias

Las pruebas son esenciales para garantizar la calidad del código y prevenir regresiones. Go ofrece soporte nativo para escribir pruebas unitarias, y practicamos usando el paquete testing para probar funciones, garantizar el comportamiento correcto y monitorear la cobertura de las pruebas. La capacidad de escribir pruebas robustas es fundamental para cualquier desarrollador profesional.

Capítulo 19: Trabajando con APIs

Crear y consumir APIs es una de las tareas más comunes en las aplicaciones modernas. Vimos cómo crear APIs RESTful en Go, definiendo rutas, manipulando datos y devolviendo respuestas en formato JSON. También abordamos cómo consumir APIs externas, haciendo solicitudes HTTP y manejando respuestas de manera eficiente.

Capítulo 20: Gestión de Dependencias con Go Modules

Gestionar las dependencias de manera efectiva es crucial en cualquier proyecto. Aprendimos a usar el sistema Go Modules para gestionar paquetes externos, versionar dependencias y garantizar la consistencia del proyecto. El uso adecuado de los módulos asegura que el proyecto se mantenga estable y sea fácil de compartir con otros.

Capítulo 21: Manejo de JSON en Go

JSON es el formato de datos más utilizado en la web, y saber manipularlo es esencial. Exploramos cómo serializar y deserializar datos JSON en Go, trabajando con estructuras anidadas y leyendo y escribiendo JSON desde archivos y APIs. Esta habilidad es crítica para trabajar con datos en aplicaciones web, servicios y APIs.

Capítulo 22: Aplicaciones Web con Go

Crear aplicaciones web es una de las áreas más importantes del desarrollo. Construimos un servidor web en Go, aprendimos a manipular rutas, renderizar plantillas HTML y procesar formularios. También discutimos el uso de cookies y sesiones para crear experiencias personalizadas y seguras para los usuarios.

Capítulo 23: Aplicaciones en Tiempo Real con Go

Al construir aplicaciones en tiempo real con WebSockets, exploramos cómo Go puede manejar comunicaciones bidireccionales y simultáneas, permitiendo la creación de sistemas interactivos como chats o sistemas de monitoreo en vivo. Go, con su soporte nativo para la concurrencia, demostró ser ideal para estas aplicaciones.

Capítulo 24: Buenas Prácticas de Desarrollo con Go

Adoptar buenas prácticas es fundamental para el éxito de cualquier proyecto de software. Vimos cómo organizar el código, nombrar paquetes, manejar errores y escribir pruebas, además de usar goroutines y canales de manera eficiente. Implementar estándares sólidos asegura que el código sea legible, mantenible y eficiente.

Capítulo 25: Ejemplo de Proyectos Prácticos en Go

Para consolidar el aprendizaje, trabajamos en proyectos prácticos, aplicando los conceptos aprendidos a lo largo del libro en situaciones del mundo real. Proyectos como APIs RESTful, sistemas de chat en tiempo real y herramientas de línea de comandos permiten una comprensión más profunda y práctica del lenguaje Go.

Quiero expresar mi más sincero agradecimiento a ti, lector, por embarcarte en este viaje conmigo. El desarrollo con Go es una aventura que ofrece innumerables desafíos y recompensas, y espero que este libro te haya proporcionado las herramientas y conocimientos necesarios para alcanzar tus objetivos como desarrollador.

Tu interés y dedicación son lo que hacen que este viaje sea tan significativo. Te deseo éxito en tus futuros proyectos y que Go continúe siendo una herramienta poderosa en tus manos para crear soluciones increíbles.

Con gratitud,
Diego Rodrigues

www.ingramcontent.com/pod-product-compliance
Lightning Source LLC
LaVergne TN
LVHW051232050326
832903LV00028B/2359